AF429462

MARKA

NEDERLANDSE VERTALING · MARC HELLINCKX

ALLEZ

Dit boek is geenszins de ultieme biografie van *Allez Allez*. Dit zijn mijn herinneringen aan wat wij gedurende 16 maanden hebben beleefd. Het is niet méér dan mijn bescheiden relaas en schetst wie wij waren en hoe wij reageerden. Indien ik iets onvermeld laat, dan ben ik het vergeten of was ik er niet bij. En indien ik, in mijn haast mijn relaas te doen, iemand tegen de schenen schop, kan ik alléén maar toegeven: ik ben en zal voor eeuwig een *dikke klette* (*) blijven... Met dit boek wil ik de bandleden groeten en bedanken voor dit wonderlijk kort avontuur, dat een definitieve draai gaf aan mijn leven.

Love You Guys

Marcassou
(*aka* Marka)
www.marka.be

(*) *dikke klette*: Brussels dialect voor 'onnozelaar'

Er is een groot verschil tussen de Belgische en Nederlandse popscene. En dat verschil wordt gemaakt door onder andere Studio Brussel.

Het regelmatig presenteren en blijvend draaien van Belgische groepen heeft een enorm effect.

Het publiek maakt kennis met artiest en repertoire waardoor men zo'n act ook live wil horen, waardoor het weer zin heeft voor clubs en festivals de eigen acts te *booken*.

Daardoor kunnen de groepen veel optreden waardoor ze groeien in kwaliteit en de talentvollen ook in artisticiteit. Een geweldige loop der dingen met alleen maar winnaars.

In Nederland is dat anders. Enorme concurrentie tussen de radio-stations, die de strijd om de reclame-euro's als prioriteit hebben in plaats van de muziek, leidt ertoe dat de angst regeert.

Elk station concentreert zich op de grootste hits en laat minimaal nieuw repertoire toe, omdat men bang is dat de luisteraar wegzapt bij iets nieuws en dus onbekends.

Zo vertelde de algemeen programmeur van één van onze grootste Nederlandse radio-stations mij trots, dat hij per week (!) maar 2 nieuwe platen toelaat in de programmering. Er komen er per week zeker 50 uit die sterk genoeg zijn voor radio-airplay.

Een grote *waste of talent*. Resultaat: publiek kent de nieuwe acts niet dus worden ze niet *gebooked* door de clubs, dus treden ze nauwelijks op en ze groeien dus minder tot minimaal.

Ja, ik ben altijd wel enigszins jaloers geweest over de stimulerende aanpak van pop in België.

Maar allez allez, de redding zal komen van spotify-achtige fenomenen dus niet getreurd... houd moed. Laten we genieten van het goede het verleden ons tot op heden gebracht heeft, zoals de muziek van *Allez Allez*.

Ad Visser
www.advisser.nl

Een voorwoordje bij *Allez Allez*? Kom kom kom. Ze hadden de gaafste t-shirts: van die zwarte zonder mouwen. Ze hadden de stevigste concurrentie, er was zelfs een 'chanteur de charme' die hen parafraseerde: 'allez allez, circulez, avec ton cul de pédé.' En op Radio 1 loopt nu nog altijd een programma dat 'Allez Allez' heet, met het actueelste uit de nationale muziekscene. Dat kan tellen voor een vrolijke bende vooral Brusselse ketten, mét frisse hits en een blitzcarrière. Luister nog eens naar 'She's stirring up' of 'African Queen', hoor dat opwindende geluid en besef dat deze gedreven klinkende gekte niet kon blijven duren. 'Mooie liedjes duren niet lang' was ook in de 'early eighties' van vorige eeuw al een trefzeker gezegde. Leuke boeken zoals dit hier duren gelukkig wat langer, zeker in het Frans: 'enjoyez'!

Marc Decock
www.abconcerts.be

ALLEZ

1978. De Mad Virgins, een band van jonge punkers uit Anderlecht spelen net één jaar samen. Kristiaan, de gitarist en componist zwaait de plak onder de zachte bijnaam *Brian Teen*. Zijn broer Stefaan speelt bas en heeft zichzelf herdoopt als *Brad Brat* (Brad de snotaap). Roby Bindels zit achter het drumstel en noemt zich *Gary Lego*. *Tommy V*, in het echte leven Didier Brichaut, is de tweede gitarist en Vincent Sablon, bijgenaamd *Crackerjack,* is de zanger. In de punkperiode is het cool om een bijnaam te hebben. Alleen al hun bijnamen maakt dat je de band op het podium wil zien. En als je naar hun optreden gaat, waan je jezelf in een strip van Frank Margerin (een Franse stripauteur die eind jaren '70 furore maakte met rock'n'roll-strips) door het feest dat de groep er samen met het publiek van maakt. De leren jekkers zijn volledig bezaaid met badges, de T-shirts zijn gescheurd, de broeken opgesmukt met ritssluitingen, veiligheidsspelden en kettingen, het rechtop gekamde haar houdt stand dankzij tonnen *Vickx Vaporub*. De meisjes zijn zwaar opgemaakt, het geluid van de versterking klinkt afgrijselijk, de band speelt erbarmelijk, het publiek lacht zich rot, iedereen bespuwt elkaar en de pogo zegeviert. Kortom, te gek voor woorden…

De *Mad Virgins* brengen de single 'I am a computer' (met 'Fuck & Suck' op de B-zijde) uit bij het Romantik Records label, twee punk hymnes uit het westen van Brussel.

Muziek en tekst moeten bij SABAM gedeponeerd worden ter bescherming van de auteursrechten, maar vooral om er de inkomsten van te kunnen innen.

Mad Virgins

Kris(tiaan), autodidact, kan noten lezen noch schrijven. Ook nu lukt hem dat nog niet. Gelukkig helpt een sympathieke medewerker van Sabam hem om de twee songs noot per noot neer te schrijven.

Waarschijnlijk kent die kerel van SABAM er niet veel meer van dan Kris, want het kost ze een hele dag om de klus te klaren. Het liedje bestaat uit niet meer dan twee akkoorden en zou normaal op amper 10 minuten neergepend moeten zijn. Voor die arme man is het einde van de tunnel nog niet in zicht. Bij het uitschrijven van de tekst van 'Fuck & Suck' werd hun samenwerking helemaal hilarisch:

Baby do you wanna fuck?
Baby do you wanna suck?
Everybody wants to fuck
Everybody wants to suck
And I am still wanking

De A-zijde van de single is niet minder grappig, met een niets aan de verbeelding over latende tekst. Kris is een ware visionair…

Hey man I'm a computer
I talk like a computer
I'm made like a computer
I'm cold like a computer
Dirty computer
The shitty computer
The greatest computer
Hey you I'm a computer
I'm conditioning you x 4

Hey world I'm a computer
I destroy human beings
I destroy everything
I destroy your future
He wanna wanna be a computer
He wanna wanna be a computer
Computer is the master of this world
I'm conditioning you x 4.

Single Mad Virgins - 'I Am A Computer / F... & Suck'

Ik loop de *Mad Virgins* tegen het lijf in januari '78, op de schoolbanken van het *Institut Léon Lepage*. De *Sex Pistols* zijn net gesplit en dit betekent het einde van de punk.

Mad V

De *Mad Virgins* laten de "one, two, three, four"-punk achter zich, om van de groep de Belgische *Buzzcocks* (melodieuze Britse punkband) te maken. Michael Leahy, een naar Brussel uitgeweken Ier, vervangt *Crackerjack* als zanger. Voortaan treden ze onder de naam *Mad V* op. Concerten zijn er bij de vleet, maar het opnemen van een plaat laat op zich wachten. (Vandaag kan zelfs een hamster een album opnemen vanuit zijn kooi, maar destijds gingen veel bands over de kop terwijl ze tevergeefs op een contract van een platenfirma wachtten.) Zelfs al stelt het contract niet veel voor... De *Mad V* slagen er uiteindelijk toch in om in 1981 een 45-toerenplaat op te nemen voor het mini label *Lark*. 'Chinatown' wordt de A-kant en 'A la mode' de B-kant. Ze verkopen er niet meer dan 16 exemplaren van. Na 3 jaar concerteren en zwarte sneeuw zien, moeten ze uiteindelijk toegeven dat de *Mad V* ter plaatse blijven trappelen.

Single Mad V - 'Chinatown'

Marc Desmare is een jonge Ukkelse hockeyspeler bij de Brusselse 'Royal Wellington'-hockeyclub. Marc is een hipster, een echte adonis. Hij is de mooiste 'tich'* van Brussel. Als hij ergens binnenkomt, heb je het bij de meisjes verkorven. Marc is ook een grote fan van de *Mad V*. Hij zou er graag willen bij horen, maar kent helaas niks van muziek. In die periode doen Bernie Rhodes en Malcolm Mc Laren (beiden legendarische managers van respectievelijk groepen als *The Clash* en de *Sex Pistols*) evenveel van zichzelf spreken als van de groepen die ze managen. Marc ziet zich dus al als manager van de groep, maar de *Mad V* willen geen manager...

Hij stelt aan Kris voor om een nevenproject op poten te zetten. Als groepsnaam stelt hij Marine voor, hij verzint de look en is begeesterd om de pannen van het dak te gaan spelen.

(*) 'tich': Brussels dialect dat letterlijk betekent 'lul/penis", maar in de omgang gebruikt wordt voor de aanduiding van een 'mooie kerel'

Kris stapt in de boot, en hop! *Marine* wordt boven de doopvont gehouden. De groep bestaat uit de 3 'dolle maagden' Kristiaan (gitaar), Stefaan (bas), Roby (drums), en Marc.

Ze sluiten zich snel op in een piepkleine studio en nemen een demo op met 3 nummers. Paul Delnoy (bassist bij de Cherokees, een twistgroep uit Brussel) is de geluidstechnicus van dienst.

Marc kan hoegenaamd geen saxofoon spelen, maar dat hoeft geen bezwaar te zijn. Hij neemt sax-tracks op, zo goed als kwaad hij kan. De punkperiode heeft onuitwisbare sporen nagelaten.

Marc is altijd uitgedost als een prins. Coco, de eigenaar van een kledingszaak, houdt zich persoonlijk met zijn looks bezig. Marc wordt, om zo te zeggen, de Karl Lagerfeld van de Brusselse muziekscène. Zonder het Duitse accent, de witte haardos en de lederen handschoentjes weliswaar... *Hebbes?* Uiteraard heeft hij helemaal niets van de echte Karl Lagerfeld...

De tekst voor het nummer 'Life in Reverse' van *Marine* pikt hij zonder meer bij Frank Sinatra: *"You make me feel so young"*. We zijn jong, we geven er niet om. We stelen niet, we lenen gewoon en laten ons inspireren, ja toch!

En aangezien Marc een sax-spoor in de studio heeft opgenomen, maakt dat van hem een muzikant, niet?

Marc rest enkel nog zijn nieuwe functie van manager uit te testen. Hij haast zich naar Londen, loopt de kantoren van

de muziek-labels af met de demo van *Marine* op cassette
onder de arm, maar komt van een kale reis terug. Niemand
zit op hem te wachten, noch op de muziek van *Marine*.

En toch, hoe onwaarschijnlijk ook, maar bij het grote
muzieklabel 4AD is één van de bazen ook de manager
van de groep *Bauhaus* (een succesvolle Britse groep).
Hij ziet wel iets in de demo van *Marine* en stelt voor om
het titelnummer als intro te spelen tijdens de komende
Europese tournee van *Bauhaus*. *Why not?*, denkt Marc.

Hij komt onmiddellijk terug naar Brussel en laat de demo
ook horen aan Michel Duval, de baas van *les Disques du
Crépuscule*, hét snob-label bij uitstek. Hij luistert maar
met een half oor, zoals de labels in Londen altijd doen...

Wanneer wat later Bauhaus optreedt in de concerttempel
Klacik in Brussel, galmt de demo bij aanvang door de zaal.
Michel Duval is aanwezig en hoort passages die hij lijkt
te herkennen... Hij haast zich naar de geluidstechnicus en
vraagt wie die groep is ? "Oh, it's a Belgian band..."

Ok, dat volstaat!
De volgende dag, voor
dag en dauw tekent hij
het contract met *Marine*.

De groep keert terug
naar de studio en Wim
Mertens wordt onder de
arm genomen als co-
producer van de single
'Life in reverse'.

Single Marine - 'Life in Reverse'

Enkele weken later schopt 'Life in reverse' het al tot *single of the week* bij NME (New Musical Express, het toonaangevende Britse muziekblad).

Marine begint heen en weer te reizen tussen Brussel en Londen om er op te treden. Ze verzorgen onder meer het voorprogramma van Alan Vega in de *Disque Rouge* (een oude cinema/concertzaal) in Brussel. Dat herinner ik me zeer goed want ik was toen *roadie*.

Marc is dus plots muzikant, zanger én manager. Te gek voor woorden, enkele weken voorheen zou hij dat zelf nooit geloofd hebben. De 'Do-it-yourself'- attitude van de punk heeft duidelijk haar steentje bijgedragen. Om eerlijk te zijn, ik kon mijn ogen bijna niet geloven bij het zien van deze metamorfose. Misschien was ik zelf ook wel een muzikant, maar wist ik het gewoon nog niet?

Even later vraagt Marc Nico bij de groep, de gitarist van de Cherokees. En zou het ook niet cool zijn om er een 'black' bij te hebben? Zo komt ook Roland Bindi bij de groep.

Het is trouwens Roland die later ook Sarah Osborne inpalmt, wanneer ze als zangeres van de Engelse groep *Repetition* (*) in België optreedt. De opstap voor een avontuur zonder weerga. Sarah keert terug naar Londen, maar voelt zich niet goed in haar vel bij *Repetition*. Marc stelt haar telefonisch voor naar Brussel af te zakken om bij *Marine* te komen proefdraaien.

Ondertussen wordt Stefaan, de broer van Kristiaan door Marc uit de groep gegooid en vervangen door Paul Delnoy (*Bent u nog helemaal mee?* Paul was geluidstechnicus en

Marine op de 'Crépuscule Night' in de club Heaven, juli 1981.

bassist bij *de Cherokees*). Paul wordt er bijgehaald omdat hij 'disco' kan spelen. Stef mag dan wel de broer van Kris zijn, het mag niet baten, hij vliegt eruit…

Volgen jullie nog? Zoniet herbegin ik!

Sarah is een sexy Engelse meid en springt in het oog. Zij zal de zangeres van *Marine* worden. Het clubje vertrekt op een armtierige tournee door Nederland, België en Engeland. Ze spelen onder andere op een opgemerkte 'Crépuscule Night' in Londen (een optreden dat uitgebreid wordt besproken in NME).

(*) *Repetition* was een in 1979 opgerichte Londense 'post-punk' band. De groep werd opgemerkt en getekend door Annik Honoré (de befaamde Belgische journaliste en mede-oprichtster van *Les Disques du Crépuscule*). Ze brachten 3 singles uit. Door hun link met *Les Disques du Crépuscule* tourden ze in België en Nederland, ze speelden onder andere in Plan K (Brussel), de Effenaar (Eindhoven) en verschenen live op TV in *Génération 80*.

Dolle podiumtaferelen

In Londen nemen ze enkele demo's op in de studios van CBS. Als promo bij de BBC nemen ze deel aan een "*John Peel Session*" (*). John Peel is een DJ die jonge groepen de gelegenheid geeft live op te treden in de studio, eigenlijk om 'vakbondtechnische redenen', aangezien maar een beperkt deel van de zendtijd van de BBC aan grammofoonplaten mag besteed worden. *Marine* was één van zijn lievelingsgroepen. De nummers zijn te horen op *BBC-radio*. Dé ideale springplank.

(*) John Peel had het wel voor Belgische groepen. Onder andere *Front 242*, *The Honeymoon Killers*, *La Muerte* en *The Names* passeerden live in de studio. John Peel verbloemde zijn voorliefde voor België niet, zo kondigde hij zichzelf wel eens aan met de woorden: *"I'm the bloke who comes on your radio late at night and plays you records by lots of sulky Belgians."*

In volle studio bij 'de Rosbiefs' (scheldnaam die de Fransen aan de Engelsen geven) ontstaat er echter een ruzie tussen Kris en Marc. Het gaat hard tegen hard en mondt zelfs uit in een handgemeen.

Marc verlaat het project op staande voet, Paul Delnoy zal hem volgen. Zij claimen de groepsnaam *Marine*. Enkele maanden later brengen ze de uitstekende single '*Same beat*' uit, op het allengs pedanter wordende label *les Disques du Crépuscule* (uit te spreken op de geijkte geaffecteerde Ukkelse manier). Ze oogsten succes, maar de magie van de originele band is weg.

Veel later zal Marc Desmare de grauwe zanger worden van de bekende Belgische groep *La Muerte*. En wie neemt hij als bassist onder de arm? Paul Delnoy! (Die mijn maat Cisse voortaan Pol Delnotje zal noemen. Maar dat is een ander lang verhaal...)

Zo wordt *Allez Allez* de eerste Belgische groep die een "*John Peel Session*" mag opnemen. Op 8 september 1981 zetten Sarah, Robbie, Roland, Nico, Paul en Kris drie nummers op de band in de BBC Maida Vale Studio 4: *Turn Up The Meter, Papa Was* en *Stripped Portrait*.

Hier gebeurt het voor mij: aan de bar van de Mirano Continental, dé hippe tent van Brussel, het equivalent van Studio 54, zonder David Bowie en Andy Warhol weliswaar, maar met juist genoeg Brusselse 'klettes' die de *dikkenek* uithangen. Nico en Kristiaan zoeken een bassist voor hun nieuwe groep die uit "de as van *Marine* is herrezen", naar de geijkte uitdrukking.

Ik ben inmiddels ingesprongen bij *de Cherokees*, de uiterst hippe groep van Nico. *De Cherokees* zijn bijzonder. Ze tellen slechts één muzikant in hun rangen (Link, de drummer), maar de groep bestaat wel uit zes leden... De andere leden zijn er enkel bij voor de aanstellerij, de schijn en het plezier. Rocker zijn geeft je aanzien. Helaas zijn het verwaande kwasten. Verwaand, maar grappig. Vermoedelijk heb ik een goede indruk nagelaten op Nico, toen ik tijdens een concert op een pensenkermis (onder een goedkope tent vóór het kasteel van Beersel) hun bassist heb vervangen. Die avond aan de bar van de Mirano, stelt Nico me voor met *Allez Allez* te spelen.

Zoals je eerder kon lezen heb ik schoolgelopen op het *Institut Léon Lepage* met Roby Bindels, de drummer en Kristiaan Debusscher, de gitarist. Natuurlijk ken ik ook Nico Fransolet sinds *de Cherokees*. Maar ik heb nog nooit gehoord van ene Roland Bindi, de percussionist. Roland is afkomstig van Frans-Congo. Hij is de zoon van een diplomaat, en woont met zijn familie in Sint-Joost–ten-Noode. Roland is niet meer percussionist dan Ayrton Senna, maar het motto luidt: *"het ziet er altijd beter uit met een Afrikaan op percussie"*.

Ook Sarah Osborne, de Engelse zangeres, is me totaal onbekend. Een valse blondine, maar wel een echte vlam, gebrand op kingsize sigaretten en rode wijn. *"Het ziet er altijd beter uit met een mooie blondine achter de micro»*. Achter een bar staat toch vaak een mooie griet...

Maar wie ben ik en hoe kom ik hier terecht?

In het begin was ik roadie bij meerdere groepen zoals *Mad Virgins*, *Klang* en de *Cherokees*... Roadie, dat wil zeggen dat ik hun materiaal versleurde, opstelde en afbrak; dat ik hun gitaren stemde, voor drank zorgde en van de gelegenheid gebruik maakte om mijn toekomstige stiel te leren vanop het podium. Een soort artistieke leerjongen. Ik bakte er niets van op de basgitaar, maar ik was heel gevoelig voor de sierlijkheid en elegantie van Paul Simonon, de koning der koningen van de four-strings die de bassist was van de niet minder legendarische, sexy en gepolitiseerde Engelse punkgroep *The Clash*.

Nico, onze veelzijdige artiest, is ook fotograaf. Hij vindt dat ik een leuke look heb en dat ik samen met mijn toenmalige vriendin een prachtig 'fifties' koppel vorm. Hij wil ons absoluut fotograferen. Die fotoshoot vindt nooit plaats.

Ik aanvaard 'de facto' de uitnodiging en vervoeg *Allez Allez*. Het feest kan beginnen!

Vooraleer ik de enkele magische maanden die we samen hebben doorgebracht vertel, wil ik het portret schetsen van mijn makkers:

Kristiaan Debusscher, gitarist/componist, geboren te Halle. Zijn vader verkoopt messen aan het slachthuis van Anderlecht en zijn moeder werkt op een verzekeringskantoor. Opmerkelijk is dat zijn vader een Vlaming in hart en nieren is, aanleunend bij de Volksunie. Zijn vrouw Jacqueline is dan weer een Franstalige aanhangster van het FDF (Front des Francophones). Dit is België op zijn mooist.

Ik leer Kristiaan op school kennen. Hoewel hij jonger is dan zijn broer Stefaan, zit hij in het 5de middelbaar terwijl Stef nog steeds in het 4de vertoeft. Stef diept de zaken graag uit...

In het midden van het jaar 1978 kom ik in de klas van Stef terecht, die zich als een grote broer over mij bekommert. Hij stelt me onmiddellijk aan Kristiaan voor, maar die kijkt gewoon op mij neer.

Kristiaan is de leider van de *Mad Virgins*, hij is dit later ook bij *Marine* en *Allez Allez*, waar hij alle beslissingen deelt in volle democratie met zichzelf en Nico. Kristiaan is grappig, bijzonder grappig. In zijn latere loopbaan zal hij deel uitmaken van het humoristisch collectief 'les Snuls' (een Belgische versie van de Franse 'les Nuls'), die ons tussen 1989 en 1993 doen schaterlachen op Canal+ Belgique. Hij regisseert ook *Vestiaires*, een komische serie over voetbal voor de RTBF. Zijn *core business* is publiciteit voor TV en radio. Als een of andere reclamespot jullie aan het lachen brengt, schuilt Kristiaan hoogstwaarschijnlijk achter de regie.

Kristiaan is geen uitmuntend gitarist, maar hij heeft een geweldig gevoel voor ritme, de groove van zijn idool Nile Rodgers van Chic kleeft aan hem. De epileptische blanke funkkleur van *Allez Allez*: that's him!

Kristiaan en ik zijn in hetzelfde jaar geboren, zelfs in dezelfde maand. We komen allebei uit een Vlaamse familie en hebben gestudeerd in het Frans. Samen wegen we hoogstens 81 kilo. Uiteindelijk belanden we ook in dezelfde groep. We hebben allebei een moeilijk karakter. Hij zal me als eerste de bijnaam *Marcassou* geven. Ik noem hem *Trishtian*, omwille van zijn 'trieste' *cockerspaniël* look. We zijn allebei betweters, alleen is Kristiaan slimmer en sneller, moet ik toegeven.

Hij is een snul in het voetballen, net zoals ik; maar Kristiaan overtreft me nog. En op de koop toe supportert hij voor Anderlecht, die 'klette'.

Van meet af aan verbaast hij me. Hij brengt me aan het lachen en hij kan ook "mijn voeten uithangen", maar verdomme, wat doet hij me lachen, die gast. Hij kan plots ongenietbaar worden. ALLES, maar dan ook ALLES kan hem niet langer dan 2 minuten interesseren. Leg hem iets uit en na 4 seconden luistert hij al niet meer, zijn geest zweeft elders en hij laat je onmiddellijk verstaan dat hij er "zijn botten aan veegt". Eerst neem ik dat te persoonlijk en raakt het me, maar al heel snel merk ik dat hij iedereen op dezelfde wijze behandelt. Ik zie hem graag, het is een zeer gevoelige gast die ik slechts één keer per jaar weerzie met nieuwjaar, om eens goed uit de bol te gaan.

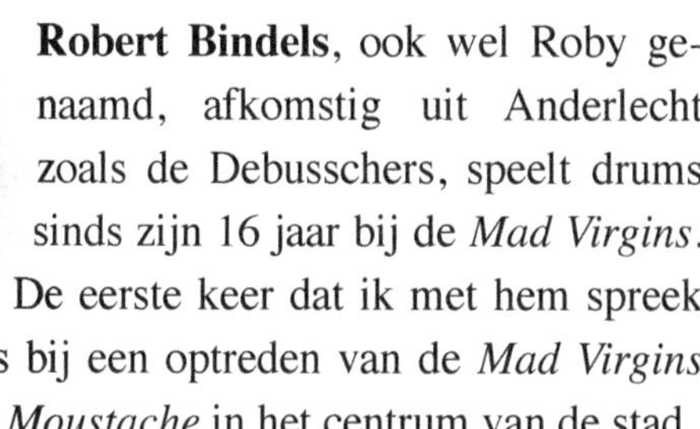

Robert Bindels, ook wel Roby genaamd, afkomstig uit Anderlecht
zoals de Debusschers, speelt drums
sinds zijn 16 jaar bij de *Mad Virgins*.
De eerste keer dat ik met hem spreek
is bij een optreden van de *Mad Virgins*
in de *Moustache* in het centrum van de stad.

Stef stelt me aan hem voor en Roby kapt een pint over
zijn hoofd terwijl hij "RIOT!" roept. Ik deins achteruit,
en moet toegeven dat ik bang ben. Heel snel worden
we goede vrienden. Later bij *Allez Allez* delen we alles,
behalve de grieten. We vormen nadien zelfs nog een garage
band genaamd *les Cactus*. Roby had beter nooit achter de
drums gezeten. Zijn gevoel voor ritme laat fel te wensen
over en hij heeft geen benul van tempo. Het volstaat
om eens te luisteren naar 'I am a computer' of 'Fuck &
Suck', de enige single van de *Mad Virgins*, om te beseffen
hoezeer hij 'punk' was in het mishandelen van de drums.
Maar Roby geeft zich niet gewonnen en laat zich horen
in verschillende stallen (*Mad V*, *Les Cherokees*, *Marine*,
Odieu et le feu, *Allez Allez*, *Les Cactus*, enzovoort...) en
uiteindelijk hanteert hij de sticks op verschillende cult
singles zoals 'Life in reverse', 'Allez Allez' en 'African
Queen'.

Roby had striptekenaar kunnen worden, hij is er dol
op. Hij wijdt me in in *Fluide Glacial* (een humoristisch
stripblad met een stout kantje). Hij heeft de geschifte
humor van stripauteur Daniel Goossens, maar is bovenal
een uitstekend tekenaar. Als ik in legerdienst moet gaan,
net op het moment dat *Allez Allez* bekend raakt, is hij de
enige die me brieven stuurt, volgepropt met tekeningen

en stripverhalen die blijk geven van zijn grenzeloze verbeelding, altijd een beetje "onder invloed". Roby is een kettingroker van paffers die je doen zweven...

Hij woont nog altijd bij zijn ouders in Anderlecht, net voorbij de ring en is het troetelkindje van zijn mama. Hij is het derde kind van de kroost, degene die men niet graag ziet vertrekken. Thuis voert hij geen klap uit. Zijn mama zorgt voor alles en steekt hem zakgeld toe, zodat Roby zich als jonge muzikant kan uitleven.

Hij komt elke nacht laat thuis. De volgende 'ochtend' (rond 13u...) maakt zijn mama zijn ontbijt klaar en strijkt zijn kleren. Daarna gaat hij repeteren met één van zijn talrijke groepen en 's avonds komt hij weer laat thuis. En dit dag na dag. Ik benijd het dat zijn moeder zodanig met hem begaan is.

Nicolas Fransolet, de tweede gitarist en componist is de eerste onder ons die zijn eigen flat heeft. Begin jaren '80 is deze onafhankelijkheid ten opzichte van je ouders van levensbelang voor jonge gasten als wij. Het is uit den boze te eindigen als *Tanguy* bij onze oudjes (*Tanguy* is het 28-jarige titelpersonage uit een populaire Franse film, die nog steeds in Parijs bij zijn ouders Paul et Edith woont). Zoals Roby dus...

Het is ook niet langer de trend om een flat te delen met je makkers. We hebben allemaal gehoord van de schadelijke gevolgen van het leven in commune van de generaties van de jaren '60 en '70. We willen appartementen in het Brusselse, liefst met 3 kamers naast elkaar; met duizelingwekkende plafonds, kunstig stukwerk en dat allemaal voor 6000 oude Belgische frank (150 euro).

De Europese Gemeenschap bestaat nog niet. Nico woont in Elsene, de gemeente van de artiesten. In zijn flat staan enkele meubelen van de rommelmarkt op de Oude Markt, een matras met enkel witte lakens ligt op de grond.

De keukentafel ziet er altijd rommelig uit. Maar hij heeft wel een rond bad, de Hollywood touch die alles goed maakt. Nico is elegant. 's Zomers draagt hij géén witte kousen in zijn mocassins, wat niet kan gezegd worden van Kristiaan, Roby en mezelf, voor wie de enige modereferentie het *Shopping Center* van Anderlecht is. Hij pronkt dikwijls met splinternieuwe witte hemden en broeken met een plooi. 's Morgens glipt hij uit zijn flat, zijn haren nog nat en omgeven met een walm van parfum die zijn omgeving bedwelmt. Absolute klasse!

Hij is opgegroeid in Ukkel (het Brusselse equivalent van het sjieke 16de arrondissement van Parijs) met zijn moeder en zijn twee broers. Hij spreekt soms over zijn familieband met *Wittamer*, de banketbakker en hofleverancier. Nico is nogal gezet en eet voortdurend tussendoortjes die hem een teveel aan vitamines geven en hem heel kort van stof maken. Gelukkig is hij vooral heel grappig.

Hij studeert fotografie op *Atelier 75* en is bezeten van Italië. Als ik hem leer kennen rijdt hij met een Vespa. Hij gaat uit met Mylena, een mooie Italiaanse dochter van een diplomaat. Ik heb met Nico een goede verstandhouding en hetzelfde gevoel voor humor. We peppen mekaar steeds op. Die kerel is speciaal. Vormelijk is hij zoals niemand anders, als hij ergens zit, liggen zijn handen levenloos op zijn benen en maken verbazende omwentelingen. Hij beweegt ook op een bijzonder houterige manier. Je doet het in je broek van het lachen als je hem ziet dansen en hij zijn onhandige heupzwaai overdreven tentoonspreidt. Ik vind hem zeer origineel. Roby en ik noemen hem Lambik naar het personage van Suske en Wiske omdat zijn schoenen en gestalte ons herinneren aan deze Vlaamse stripheld.

Hij heeft een korte romp en lange benen. Nico is de kruising tussen John Lennon en Benny Hill, voor zijn komisch talent. Ik ben er echter niet zeker van dat hij deze referentie zou waarderen.

Nico maakt later ook deel uit van de bende van 'les Snuls', waar hij onder andere het magische en uiterst grappige personage van Professeur Decodor vertolkt, aan de zijde van de niet minder grappige Miss Bricola, mijn toekomstige echtgenote.

Sarah Osborne is dus onze zangeres. Ons boegbeeld, het wapenschild van *Allez Allez*. Ze is een klein Engels spookje van hoogstens 1m40 hoog. Ze verft haar haren blond, ze is een kettingrookster en lust een glas wijn en het gezelschap van jonge binken. We boffen, want wij zijn met 5 gasten in de groep. Ze is pure klasse. Zelfs vandaag nog, 35 jaar later, als we een blik werpen op de hoezen van onze albums of op onze persfoto's springt alleen zij in het oog.

Omdat Sarah in Londen woont verlopen mijn allereerste

repetities met *Allez Allez* zonder haar. Ik loop haar voor de eerste keer tegen het lijf tijdens een drink in een loft. Het is ook de eerste keer dat ik het woord 'loft' hoor…

Sarah is een compleet zwarte verschijning. Zelfs haar haar is zwart geverfd, met een blonde mèche weliswaar als ik me niet vergis. Ze lacht graag en tapt graag moppen. Een echte Britse in haar aanpak van humor. Aangezien Sarah een meisje is en ikzelf me niet al te zeer op mijn gemak voel in het gezelschap van meisjes, spreek ik niet zo vaak met haar. Dertig jaar later zal ze me opbiechten dat ze me destijds aanzag als een achterlijke kwast die slechts met een bizar geknor kon antwoorden...

Sarah heeft zich heel vlug ongelukkig gevoeld. Ze pendelt tussen Londen en Brussel om te repeteren, om op te treden of op promotoer te gaan.

De ene keer slaapt ze in Nico's bed, de andere keer op Kristiaans sofa en af en toe nog in mijn kamer bij mijn grootouders. Terwijl ikzelf op de grond lig te maffen naast haar. Ze reist licht: haar tas is volgepropt met sigaretten, een slipje en een beha om zich effe te verversen en basta. Als ze bij jou blijft slapen, scheert je telefoonrekening hoge toppen. Ze is haar bakens zoek en blijft urenlang kletsen met haar maten aan de overkant van het Kanaal. Na een tijdje wil niemand haar nog logeren, ze kost je een fortuin aan telefoonkosten en in de ogen van je vriendinnetje is ze altijd een latent gevaar, als rivale. Het arme schepsel heeft zich heel vlug hopeloos gevoeld in ons midden. We moeten bekennen dat we niet veel doen om haar beschermengel te zijn. We zien in Sarah een jongen en daar heeft ze een hekel aan. Op een dag zal ze er vandoor gaan (daar kom ik later nog op terug).

Roland Bindi komt steeds te laat op repetities of op afspraken. Wij 'blanken' krijgen daar telkens de pleuris van. Samen smeden we dan plannen om hem eens goed de levieten te lezen en hem te laten verstaan dat het de laatste keer is dat hij ons zo liggen heeft. Vergeefs natuurlijk want hij komt telkens weer te laat... Hij wacht tot we klaar zijn met het repeteren van een song om zijn hoofd door de deuropening te steken, en bootst dan het geluid van een scharnier dat blijft steken en piepen na, en trakteert ons telkens op zijn *Fernandelachtige* Afrikaanse glimlach. We schieten steeds in een schaterlach en vergeven hem alles zoals je het 's ochtends een baby niet kwalijk neemt die je de hele nacht heeft wakker gehouden.

Op het podium staat Roland naast me, links van Sarah. Nico komt dikwijls naar onze kant toe van het podium, omdat er daar volgens hem meer babes staan.

Roland is een echt podiumbeest. Wij doen trouwens ook ons best. Het kan hem geen moer schelen als hij daar de zot staat uit te hangen, vooral als hij als een geslepen voodoo tovenaar oer-Afrikaanse toverquatsch begint aan te heffen op de song 'African Queen'.

Gilles Verlant en Bernard Goffin

Gilles Verlant zit bij de RTB en is ook aktief als journalist bij de geschreven pers. Hij woont in Brussel. Als journalist heeft hij het ontstaan van de punk meegemaakt. Philippe Kopp en Christian Fletcher leert hij op de ULB kennen. De punkgolf steelt de koppen in de Engelse en Amerikaanse pers, maar niemand echter die het zo ver brengt de groepen

Bernard Goffin & Philippe Kopp

op tournee in België te laten optreden. Deze drie musketiers slagen er in onder de ondubbelzinnige punkbenaming *Clean-X*, Engelse en Amerikaanse punkgroepen in Brussel te laten optreden. Zij laten de *Talking Heads*, *XTC*, *The Ramones*, *The Clash*, *The Buzzcocks*, *The Cramps* en vele anderen naar Brussel afzakken. Gilles houdt zich hoofdzakelijk met de contacten met de managers en de groepen bezig, aangezien hij een vlot woordje Engels spreekt. Fletcher en Kopp huren de zalen, schakelen hun maten in als roadies en maken de boterhammen met tonijn, de slaatjes met erwten, wortelen en mayonaise.

Het begrip catering is niets voor hen, te duur en waarschijnlijk niet punk genoeg. Af en toe zorgen ze voor de veiligheid, de ingangscontrole en meer. Deze jonge promotoren zijn al smedend smid geworden, surfend op die nieuwe generatie artiesten. Gilles en Kristiaan hebben net het label *Scalp Records* opgericht. In hun stal hebben ze de *Cherokees*, *Erika*, *Chabada*, *Soeur Sourire* (voor een cover van haar hit *Dominique*, bewerkt en gemixt door Telex) en natuurlijk *Allez Allez*. Gilles presenteert de uitzending *Folllies* op de RTB (toen nog zonder F)en schrijft voor *Télémoustique*, een magazine dat fel in zwang is bij rockfans.

Verlant is de klok rond een soort opgehitste lokomotief. Deze kerel bezit een uitbundige en aanstekelijke energie. Zijn schaterlach galmt voor eeuwig na in mijn hoofd. Steeds voortrekker met één of ander project en zijn rockkennis is ongeëvenaard, een levende rock-encyclopedie.

Persoonlijk ben ik trots zijn vriend te zijn geweest. Zonder hem zou *Allez Allez* het niet ver hebben geschopt, zonder twijfel. Hij staat er al vóór onze oprichting en samen met Bernard Goffin heeft hij ons een deal laten tekenen bij het label *Virgin*. Daarna verlaat hij de muziekproductie om zich toe te leggen op het uitgeven van boeken.

Bernard Goffin is muziekuitgever voor *April Music*. Bernard is een hartstochtelijk geschiedenis- en muziekliefhebber. Hij is één van de allereerste fans van *Allez Allez*.

Vandaag besef ik ten volle hoeveel geluk we hadden omringd te zijn geweest door die twee kerels, zonder wie we nooit zo snel naar de top waren geklommen.

De repetities vinden plaats in panden, gaande van onheilspellend gammel tot ronduit goor. Er zijn geen geschikte repetitielokalen en er is evenmin een concertzalencircuit. Bij concerten is de versterking niets waard en zijn de geluidsmensen vaak amateurs. Wanneer Engelse groepen de gewoonte hebben hun show in België te komen testen, heeft dit meer te maken met het publiek en het feestgedrag van de Belgen dan met de professionele omkadering.

Al die buitenlandse groepen reisden toen trouwens met hun eigen soundcrew en catering.

Als je wil doorgaan als professioneel muzikant, dan moet je eerst en vooral de drang voelen in jezelf en in je project geloven en je vooral niet laten afschrikken door technisch lamentabele omkadering en amateuristische toestanden.

In de repetitielokalen is er geen versterking. Het stinkt er naar dode ratten en de kartonnen membranen van onze luidsprekers raken op een-twee-drie beschimmeld. Telkens als er een nieuw repetitiekot in de kleine Brusselse muziekwereld wordt gevonden, moet je kort op de bal spelen om er binnen te geraken en ervan te kunnen genieten, want het duurt nooit lang. Meestal wordt de geluidsisolatie over het hoofd gezien en na enkele weken wordt de plek vergrendeld wegens klachten van buren. Sommigen, zoals mijn maat *Cisse,* komen op het idee om een 'box-in-a-box' in hun eigen kelder te bouwen. Allesbehalve geniaal, want we kunnen amper nog ademen in de piepkleine overgebleven ruimte. We zouden evengoed met ons zessen in het kastje onder de keukengootsteen van mijn moeder kunnen repeteren. Om te kunnen creëren hebben we dus echt alles getest: van vochtige kelders over heet blakende zolders in volle zomer, van niet verwarmde industriële panden in het putje van de winter tot achterzalen van cafés die naar vergaan bier en koude sjekkies stinken.

Maar als men 20 jaar oud is, dan is dit bijzaak. Wat je motiveert is op het podium te kunnen kruipen en optreden, en het je zo gemakkelijk mogelijk maken om meisjes te versieren. Slinger niet de woorden 'kunst' of 'schepping' naar de hoofden van postpuberale muzikanten. Het is ons alleen te doen om lol te maken en zoveel mogelijk grieten op onze kerfstok te kunnen zetten.

Wat mij betreft, toppunt van alles: ik heb dit veel te laat begrepen en beseft toen de groep niet meer bestond. Ten tijde van *Allez Allez* had ik een prachtig vriendinnetje, maar ik was zo serieus als een koorknaap. Ik was al gebuist voor ik mijn eerste les rock'n'roll kreeg… Ik ben een rock'n'roll fan van het eerste uur, maar ben nooit zelf rock'n'roll geweest. Misschien gewoon een mislukte sporter zonder meer!

Ik ben net bij de groep gekomen of ik zit al in een studio om twee nummers op te nemen. Ik had nog nooit iets opgenomen, behalve misschien een cover van 'Guns of Brixton' van The Clash op een 4-sporen cassettebandje. Daar zit ik dan voor een nachtelijke opnamesessie in een professionele studio: de Shyva, in de de Mérodestraat in Sint-Gillis. Met de gasten voor wie ik het materiaal versleurde een paar weken eerder...

Een nachtelijke sessie, uiteraard om de studio niet te moeten betalen maar enkel de geluidstechnicus. Zoals voor de eerste repetities is Sarah er niet bij. De groep moet nog een naam kiezen. Ik herinner me niet al te best of we er één of twee nachten doorbrengen, maar vast en zeker wel dat we er onze twee grootste hits inblikken: 'Allez Allez' en 'African Queen', die de B-zijde zullen worden van ons mini-album. Ik ben in de wolken en gedraag me als een jong veulen. Alles is nieuw voor me, de multi-sporenopnemer, de noodzaak samen te spelen op een op elkaar afgestemd tempo, de verschillende klanken, de echo's, de duizend-en-één opnames van éénzelfde liedje tot we eindelijk de goede opname beet hebben. Ik zit daar meer als observator dan als bassist. We beluisteren vinylplaten met klankgeluiden vanuit de jungle, zoals apekreten. Vervolgens last de geluidstechnicus die in *real time* in op de meersporenbanden van 'African Queen', en krijgt het liedje plots een door en door Afrikaanse sfeer (al heb ik zelf nooit een voet in Afrika gezet...) Dit is mijn eerste ervaring van een live overdub. Op deze twee nummers scheren we hoge toppen, met quasi onmogelijke ritmes.

Voor 'African Queen' bijvoorbeeld, heeft Roby me eraan herinnerd dat wij rond 19u waren gaan eten, maar dat hij als enige was gebleven om de perfecte draai te vinden voor deze song.

Toen wij terugkwamen zat hij daar zo fier als een gieter en liet hij ons die verbijsterende geluiden-*loop* horen, die vandaag weinig welluidend noch schools klinkt, maar wel het nummer uniek maakt. *Mazzeltov*? Beginnersgeluk of een geniale vondst?

Ik weet het zelf niet. Maar ook nu nog zal iedere begaafde muzikant die dit snelle tempo probeert te halen om deze aanéénschakeling te bereiken, er voor de moeite aan zijn. Zonder het te beseffen had Roby de Afrikaanse ritmes werkelijk benaderd zoals *Mbalakh* of *Mbalakx*, een muzikaal ritme uit Senegal. Om nog maar te zwijgen over de song 'Allez Allez' met zijn onmogelijk te ontcijferen breaks, die slechts ontsproten kunnen zijn uit de breinen van verwrongen geesten onder invloed. Hetzelfde geldt voor de door en door chaotische non-structuur. Dit allemaal door elkaar geschud door de hellevaart van een hogesnelheidstrein zonder bestuurder. Toen we eindelijk de juiste opname beethadden waren we bekaf, alsof we uit 'de Rotor' op de Zuidfoor waren gestapt, die draaimolen die je tegen de wanden plakt.

De uren glijden voorbij, zoals de joints voorbij passeren. Ik word overvallen door moeheid, maar ik hou me staande. Het is 6 uur 's ochtends wanneer we de studio verlaten. We troosten ons met een pak friet van het frietkot aan het Zuidstation, afgemat, maar ons bewust dat we goed gewerkt hebben.

Al die magische momenten blijven dan ook voor eeuwig gegrift in mijn herinnering. Evenals mijn eerste schok na een opnamesessie. Je komt thuis, je kruipt in je bed en in je hoofd weerklinken onophoudelijk de liedjes die je net hebt opgenomen. Ze sluipen in je dromen terwijl je slaapt. Je wordt ermee wakker en ze achtervolgen je de hele dag…

Enkele weken later brengen we de 24-sporen banden naar studio Molière (RKM) om er andere zang- en koorsessies op in te lassen.

Dit zal mijn eerste echt artistiek contact met de intussen blondgeworden Sarah worden. Ze ontdekt de nieuwe nummers in de studio, Kristiaan en Nico leggen haar hun visie uit en daarop begint zij teksten te schrijven. De sessies duren lang, maar werpen vruchten af. Sarah kruipt achter de micro en begint ons een trip te vertellen, onder invloed van hallucinerende champignons. Terwijl ze het liedje zijn ultieme draai geeft, kleeft Kris er het allesverwoestende en Belgo-Belgisch refrein op *"Allez Alleeez, Allez Allez"*.

Nico houdt niet van dit refrein… te voetbalachtig volgens hem. Voor de anderen is het perfect. We hebben hier een woordherhaling die goed klinkt in alle talen, die we hadden opgepikt uit een opname van de band *Defunkt*. En we hebben de naam van onze groep beet. Het is in diezelfde studio dat ik de nummers 'She's stirring up', 'Marathon dance' en 'Turn up the meter' ontdek, die opdoken uit oude sessies van *Marine* bij CBS.

Marc Desmare had de naam *Marine* behouden toen de groep was gesplit. Kristiaan en Gilles Verlant hadden de banden gekocht voor hun label Scalp Records. Sarah heeft de definitieve *vocals* van deze nummers vastgelegd tijdens de sessies in studio Molière. Op deze nummers speel ikzelf geen bas, maar wel Paul Delnoy. Ik vervoeg wel Roland en Kristiaan voor de koorzangen. Roby en Nico blijven uit beeld, ze zingen véél te vals. Nico mag niet veel meer doen dan af en toe *"Ouh Yeaaah"* kraaien op 'She's Stirring up'.

Op dezelfde golf van inspiratie blikt Sarah haar zangdeel in op 'African Queen', aangemoedigd door Kristiaan en Nico die zichzelf reeds als producers ontpoppen. Ze scandeert haar tekst als Grace Jones. Het resultaat is zodanig gelijkend dat we samen beslissen om aan de titel 'African Queen' 'Pour la Grace' toe te voegen, een knipoog.

In de studio pakt Roland zijn percussiespullen uit. Wanneer alles op de grond is uitgestald, prijst hij elk artikel aan als een gewiekst Afrikaanse marktkramer, met accent en alles erbij. We schieten in een lachbui. Op 'African Queen' waagt hij zich ook aan een solo 'gepalaver' in het Lari, een taal uit Noord-Congo. Het effect is overdonderend, zelfs al snappen we er geen snars van. Het is best mogelijk dat hij alles uit zijn duim zuigt en om het even wat uitkraamt. Enkele woorden zullen we nooit vergeten. Zoals "Yamoundélé", dat voor ons een soort strijdkreet zal worden. Roland en ik noemen elkaar ook "Yao", naar een Afrikaans personage op de Belgische TV-zenders in de jaren '70.

De werksessies om de songs te finaliseren duren lang en zijn slopend. Kristiaan en Nicolas mogen dan nog experimenteren en klankvariaties uittesten als echte jonge George Martins, Roby en ik vervelen ons dood... Vooral omdat we niet veel te zeggen hebben. De andere twee beslissen over alles. Maar goed, ik mag niet vergeten dat ik drie weken eerder nog versterkers versleepte en nooit eerder een voet had gezet in een studio.

De geluidstechnicus is Alan Ward, een Brit die in België woont. Hij had opgetreden met Brian James, de gitarist van *the Damned* (bekend van nummers zoals 'New Rose', 'Neat, neat, neat'), en had onder de naam 'Elton Motello' furore gemaakt met de single 'Jet Boy/Jet Girl' (dit nummer was de Engelstalige versie van het door de Belgische producer Lou Deprijck geschreven 'Ça plane pour moi'). Bij het beluisteren van onze opnames heeft Alan zich zodanig enthousiast getoond, dat Lou Deprijck er bijna van zijn stoel valt . Alan Ward is 10 jaar ouder dan wij, hij is een volbloed Brit met ingeboren flegma. Geen type dat uit de bol gaat, maar door ons gedrag worden zijn zenuwen wel op de proef gesteld.

Om beurten vragen we hem om het volume van ons instrument te verhogen in de mix. Ik: *"Vind je niet dat de bas te zwak overkomt?..."* Roby: *"Kun je mijn drums niet wat accentueren, Alan ?..."* Nico: *"Ik hoor mijn gitaar niet..."* Telkens gebaart Alan dat hij de potentiometer aanraakt, maar in realiteit verandert hij niets aan de balans. Hij heeft allang begrepen dat hij alleen zijn eigen gehoor mag vertrouwen.

De druk in de studio neemt toe. Door het lange wachten (zoals in een klas), door niets om handen te hebben (weer zoals in een klas) en door opgesloten te zitten in de geluidscabine, begin ik stilaan razend zenuwachtig te worden. Met Nico in mijn kielzog, die blijkbaar alleen maar op een signaal zit te wachten om te ontploffen. Met als gevolg een scène die perfect zou passen in *'One Flew*

Over the Cuckoo's Nest'. Zenuwen op losse schroeven, waarbij iedereen de ander aan het lachen wil brengen.

Nico brult erop los als een waanzinnige en springt vanachter de reusachtige mixtafel te voorschijn. Ikzelf heb de kussens van de sofa genomen om er konijnenoren van te maken. Kristiaan heeft de hifi-helm op zijn hoofd omgedraaid om er duivelshoornen van te maken. Roland, die net klaar is met zijn Afrikaanse bezweringen, bootst 'de dikke' na die op het punt staat te ontploffen (diegene uit de film 'The meaning of Life' van *Monty Python*) en hij spreekt met een grafstem. We klauteren op de mixtafel, Roland bootst Stevie Wonder na met kleine jack-kabeltjes die naast het multi-effecten rack liggen en zijn hoofd tooien alsof het dreadlocks zijn. Terwijl ik het wereldkampioenschap duiken imiteer vanuit de zetel, waarvan de kussens me als konijnenoren hebben gediend, wordt Nico kampioen ritmisch turnen en Kristiaan is Béjart in *'het Zwanenmeer'*.

Sarah en Roby krijgen krampen van het lachen. Neergeploft in de sofa, daarbij geholpen door de bedwelmende sjekkies, moeten ze wenen van het lachen en kunnen ze geen adem meer halen.

Alleen Alan blijft onverstoorbaar… hij gunt ons amper een blik en luistert vol aandacht naar de banden alsof hij niets te maken heeft met onze handel en wandel. *Allez Allez* is boven de doopvont gehouden: een mix van slechte maar vindingrijke instrumentalisten, die blijk geven van een aanstekelijke energie die op het podium zal uiteenspatten met een ongelofelijke kracht.

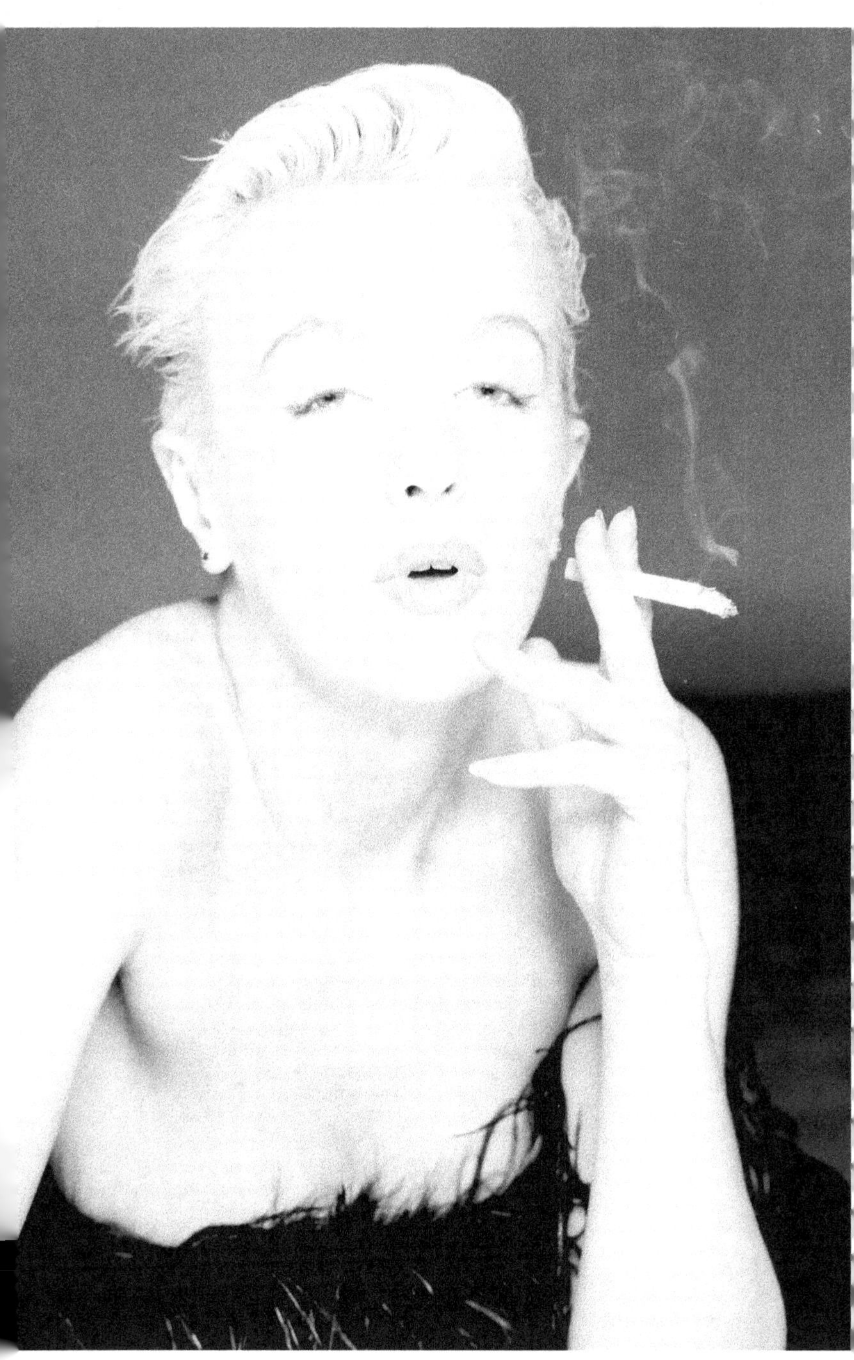

Na de opnames in de studio wordt het hoog tijd dat we gaan optreden. Ons eerste concert, in september 1981, valt ons letterlijk in de handen. Nicolas zou in de 'Sucrerie' in Waterloo optreden met zijn groep *de Cherokees*, maar... de Cherokees zijn gesplit. Omdat Sarah net in België is, wil hij ervan profiteren om er *Allez Allez* aan het publiek voor te stellen.

Meer herinner ik mij niet van dit concert, behalve dan dat ons repertorium bestond uit amper 5 à 6 nummers. En dat de organisator er veel meer had verwacht.

Na die 5 liedjes en een 20 minuten durende versie van de song 'Allez Allez', pakken we alles in... Eén van onze grote specialiteiten is ellenlange versies van dit nummer en van 'African Queen' te brengen. De organisator pikt het niet en wil ons slechts een deel van onze gage uitbetalen. Intussen ligt het materiaal al in de bestelwagen en we stappen het op. De kerel loopt ons achterna, al brullend "dat hij voor slechte publiciteit zal zorgen", "dat wij niets anders dan nietsnutten zijn" en "dat we het niet ver zullen schoppen met zo'n mentaliteit."

Een beetje overdreven, want uiteindelijk sprongen we gewoon maar in voor een andere band... Ik ben een beetje mijn kluts kwijt door wat ik pas heb meegemaakt, maar in de bestelwagen lacht iedereen zich krom. *Back to Brussels*.

Hierna is er nooit nog één organisator geweest die zich een concert van *Allez Allez* heeft moeten beklagen.

Het volgende concert, in oktober, is trouwens meer dan fantastisch volgens mij. In de *Ancienne Belgique* (tegenwoordig de AB) spelen we als voorprogramma van *Defunkt*, de Amerikaanse band.

De AB was en is nog steeds 'de' mooiste concertzaal van ons koninkrijk. Onze *Olympia*, onze *Carnegie Hall*. Alle groepen waarvan ik hield traden op in de AB.

Enkele maanden tevoren had ik er *The Clash, Devo, The Jam, The Stranglers, The Ramones*, Iggy Pop, en nog vele anderen gezien. Ik hoorde er Joe Strummer tegen het publiek zeggen: "Ook jullie kunnen muziek spelen, ook jullie kunnen hier op het podium staan". Het was alsof Joe Strummer MIJ aansprak… De volgende dag heb ik mijn eerste gitaar gekocht!

Backstage Pass –
Ancienne Belgique

En denken dat ik daar voor mijn tweede concert met *Allez Allez* op deze mythische scène sta. Het concert blijkt zonder meer verbluffend! Die avond hebben we elkaar werkelijk ontdekt op het podium. De lont heeft vuur gevat en zal niet meer doven, tenzij 15 maanden later wanneer alles stil zal vallen. We konden best lachen met het orakel van de organisator uit Waterloo…

'Try me', anno 2017 nog steeds een hippe kledingwinkel.

Op de bühne maken wij het verschil met onze energie. Als pluspunt hebben we een sexy en *English native* zangeresje, hierdoor hebben wij een lichte voorsprong op de andere Belgische groepen. Maar we hechten ook een groot belang aan ons imago. We worden uitgedost door *'Try Me'* die dé Brusselse kledingszaak is. Eigenaar Jean-Claude pampert ons en is er trots op om onze kleren te mogen kiezen. Ook qua fototografie en vormgeving van de platenhoezen zijn we top. Dit is grotendeels aan Nico te danken: fotografie en platenhoezen zijn zijn bollenwinkel.

Allez Allez, *ergens op een podium...*

Sarah koopt haar kleren in Londen, of in Brussel bij *Coco*, een hippe kledingszaak waar de jongens van *Allez Allez* vaste klanten zijn.

Ik ben in de wolken, ik ben bassist van een groep die binnenkort een minialbum met 5 titels gaat uitbrengen: 'African Queen'. Met een heleboel concerten, reizen en TV-optredens in het verschiet…

Maar mijn geluk wordt gefnuikt. We schrijven oktober 1981, en als ik de AB verlaat met prachtige herinneringen en schitterende vooruitzichten, weet ik ook dat ik een maand later op 1 december naar 'den troep' moet om mijn legerdienst te volbrengen.

In die tijd is de legerdienst verplicht. Niets is meer *Calimero*-stemmend dan je legerdienst te moeten vervullen als je muzikant bent in een groep die succes boekt. Kris was erin geslaagd afgekeurd te worden, Marc van *Marine* had de voet van Kris gebroken met een hockey-stick. Roby was ook afgekeurd wegens overgevoeligheid. Ik was daar niet in geslaagd en heb dus acht maanden moeten uitzitten in Duitsland. Eénmaal opgeroepen had men geen andere keuze. Lang voor mij hadden Elvis, Johnny Halliday en Jacques Dutronc hun vaderland mogen dienen. Dat punt had ik tenminste met hen gemeen.

Het spreekt vanzelf dat de groep geen 8 maanden op mij zou kunnen wachten. Ik word dus vervangen door een zekere Gilles. Ik ben niet al te zeer in mijn nopjes want ik was namelijk bang dat deze vervanging definitief zou zijn. Ik weet niet juist meer hoe dit tenslotte geregeld werd, maar uiteindelijk is er een overeenkomst: als ik tijdig op een concert zou geraken, dan sta ik op het podium.

Gilles heeft heel wat optredens in mijn plaats mogen doen, maar voor alle grote momenten ben ik van de partij. Zelfs al moet ik dan over de muur van de kazerne in Duitsland klauteren, de grens oversteken zonder 'verlofbewijs' en in een rotvaart door het Belgische platteland razen om 5 minuten voor het begin van de show mijn intrede op het podium te doen.

Ik ben tegelijkertijd uiterst opgewonden bij de gedachte mijn maten weer te zien en te mogen genieten van een paar uren verboden vrijheid, maar ik heb tegelijk ook een beetje de indruk de perfecte bankroof te plegen. De bassist trad opzij voor mij. Dat was jammer voor hem, maar voor mij is het verdomme hemels. Galant laat ik hem steeds het bisnummer spelen. Voor de TV-optredens zorg ik er steeds voor om een 'verlof' te krijgen: Gilles Verlant stuurt een

Gilles vervangt me tijdens mijn legerdienst. V.l.n.r.: Roland, Roby, Nicolas, Sarah, Gilles, Kris

schriftelijk verzoek met het logo *Scalp Records* en *RTB* naar mijn korpsoverste. Gilles geeft me de bijnaam GI Joe…

De optredens van *Allez Allez* zijn vooral feestelijke momenten. Vóór, tijdens en na het optreden. Van zodra we samenzitten in de bestelwagen op weg naar een concert, wordt het even dol als op die momenten van losgeslagen zotternij in de studio.

We hadden een oude blauwe Ford Transit gekocht. Roby en ik waren de enigen die een rijbewijs hadden, en meestal zit ik achter het stuur.

Op zekere dag heeft Roby de vooras geplooid door tegen een betonblok te rijden… Een betonblok die toevallig onder de wagen was terechtgekomen. Dit was natuurlijk geenszins de fout van Roby, noch van de ontelbare joints die hij had gerookt. Daar staan we dan, we moeten een garage zien te vinden. Maar naar die garage moet je kunnen rijden, dus laten we het gewoon zo en rijden we een hele zomer lang met een geplooide as. *Tak-tak-tak* doet die bestelwagen op de baan. We zijn nauwelijks 20 jaar dus we gaan ons toch niet laten kloten door dat kreng? De bestelwagen moest het maar uithouden, want we konden niet zonder.

Ik herinner me dat we op weg naar de noordzee de achterklep opengooien en dat we, hoewel we tegen 100km/u over de autosnelweg razen, het niet kunnen laten ieder op zijn beurt de voorbijglijdende baan aan te raken.

Hoe leg je dan dertig jaar later uit aan je zoon "dat hij nooit zulke stommiteiten mag uithalen".

Die Ford Transit brengt ons overal naartoe: België, Nederland en tot in Engeland toe.

Ik herinner me een concert in Ath. Het podium is piepklein en wankel. Iets in de zin van: "we hebben het podium opgebouwd met een paar planken op bierkratten. Het zal wel gaan…" Geloof me, het wiggelwaggelt onder onze voeten… Middenin de act schiet Nico door die wankele vloer en staat hij tot op de heupen onder de planken.

Ten tijde van de verplichte legerdienst moesten alle instrumenten gededouaneerd zijn als je België verliet. Daartoe hadden we een ATA-boekje waarop de volledige lijst van het materiaal stond. Dit alles moest éénmaal reglementair van een stempel worden voorzien door de douanediensten in Brussel.Vervolgens moest dit ATA-boekje worden voorgelegd aan een douanier aan de grens, die telkens moest nagaan of de lading wel overeenstemde met de lijst in het boekje.

"Hou je koest jongens !", "Sol niet met die douaniers!", "Smijt liever zo rap mogelijk de ramen open en zorg ervoor dat het hier niet te hard naar wiet ruikt…"

Dit is onze routine heen en terug. Het spreekt vanzelf dat we daar onze laars aan lappen. En dat we altijd alles *en stoemelings* over de grens smokkelen. Ik kan niet beweren dat we niet nu en dan een probleempje hebben met de douanecontrole.

Foto-shoot voor het Mini album

'She's stirring up'
is de eerste single
uit die mini-LP.
Sarah rafelt haar
tekst uit in een
moordend tempo,
dit alles met op
de achtergrond
funkmuziek op
speed. De single ligt
in december 1981 in
de bakken.

Single - 'She's stirring up'

'African Queen', de mini-LP met 5 nummers, volgt een maand later (als ik me niet vergis). De persrecensies zijn unaniem: het is er *boenk op*, vooral dan het artikel van de hand van Bert Bertrand: één en al lof en niets dan goeds. Hij catalogeert ons als een Brusselse, bij wijlen overdadige hipsterbende. Terzelfdertijd bewierookt hij ons onverbloemd.

Ik geniet er werkelijk van wanneer Kristiaan de persmussen staat te overtuigen van de meerwaarde van een mini-LP, terwijl alle andere groepen een LP uitbrachten. Kristiaan zou een Bedoeïen zand in de maag kunnen splitsen.

De ware reden was nochtans simpel: we hadden niet genoeg nummers voor een LP. Aangezien iedereen vond dat er meer dan genoeg tijd was verspeeld met de *Mad V* of *Marine*, besloten we unaniem dat zodra we 5 nummers

Mini album – 'African Queen'

hadden, we die zouden uitbrengen op Scalp Records, het label van Kristiaan en Gilles Verlant.

'African Queen' zit in een schitterende hoes, met de beeltenis van een Afrikaanse. Ik heb me altijd laten vertellen dat Nico daar achter zat. (*)

Tegen mei of juni 1982 brengen we een nieuwe single uit

met de nummers 'Allez Allez' en 'African Queen'. Beide titels betekenen de doorbraak en worden in de hitlijsten opgenomen, zowel in Vlaanderen als in Wallonië.

Van dan af aan steekt de echte promo van wal. Maar ik zit nog altijd in het leger en soms kan ik er niet bij zijn. Zoals wanneer *Allez Allez* in het muziekprogramma *Génération 80* optreedt, spijtig voor mij. De video van dit optreden kan je op de site van de Sonuma terugvinden. Het staat buiten kijf dat Sarah een echte *babe* is.

Wanneer de BRT (de Vlaamse Televisie, die toen nog Belgisch was alvorens Vlaams te kleuren) ons voorstelt een clip op te nemen voor 'African Queen', kiezen we de grotten van Han als decor.

We rijden er met onze Ford Transit naartoe, opgewonden bij het lezen van de wegwijzers. Nico brult als een bezetene: "Opgelet !! Kijk Uit !! Let Op !! Namur Bouge (Namen beweegt) !!"

Welja… We smoren joints en de minste onnozelheid geeft ons een kick.

Die lange trajecten in die bestelwagen waarin we als sardientjes samengeperst zitten, maken ons zot en doen

---

(*) De illustratie van deze iconische hoes zou gemaakt zijn door de Brusselse illustrator Pierre Pourbaix. De vormgeving was in handen van het grafische bureau Blueprint, geleid door Luk Guillaume (die onder de artiestennaam *Luk Vankessel* als vlaamstalige rockzanger furore maakte in de jaren '70 en '80, met hits als 'Hotel Paradiso' en 'Mia'.)

Opnames van de clip 'African Queen' in de grotten van Han.

onze zenuwen tilt slaan. Ter plaatse vragen we onze weg aan voorbijgangers. De mensen staan ons steeds beleefd te woord. Maar wij, jonge Brusselse nitwits, kunnen het niet laten langzaam met de bestelwagen verder te rijden, terwijl die sukkelaars meelopen in de hoop ons wegwijs te maken. Het gekste van al is dat ze meestal toch meeliepen en wij maar op één ding zaten te wachten: tot ze met hun hoofd tegen een straatpaal zouden bonken.

We vroegen onze weg en zodra een voorbijganger ons gewillig te woord stond, brulden wij "Verrek !" en we schoten weg. Dit bracht ons soms in de buurt van een lachberoerte.

Aan al die mensen vraag ik vandaag vergiffenis.

Ondertussen hoor je de dubbele single 'Allez Allez' en 'African Queen' meer en meer op de radio. Zonder het te beseffen hebben we hiermee twee hits op éénzelfde 45-toeren plaat.

Te veel van het goede! EMI had er tenminste toch 2 singles van kunnen maken, verdorie?

Wanneer 'Allez Allez' nu nog wordt opgezet; tijdens een fuif, een bruiloft of een dorpsfeest (als dit tenminste nog bestaat), duurt het nooit lang of iedereen veert recht, begint te dansen en het refrein te zingen. De symbiose bas/gitaar/ drumstel is onweerstaanbaar, je zinkt weg in het kielzog van Sarah's zang en het speelse van het refrein kan perfect als slogan op een voetbalstadion fungeren. Daarin schuilt

Single 'Allez Allez / African Queen'

Roby

de kracht van een echte hit. Hoe en waarom kan je niet uitleggen, maar onbetwistbaar een mix van innovering en ouwe trucs in een nieuw kleedje, op je eigen manier. Nieuw met oude materialen. Je laat het publiek in de waan dat ze het al hebben gehoord, al heb je het pas geschreven. Later kreeg ik hetzelfde gevoel met 'Accouplés' of 'Les Mondains' (enkele classics uit het oeuvre van Marka als solo-artiest).

De keerzijde van een hit is dat je andere liedjes soms zwakker lijken over te komen. Terwijl men het eerder als volgt zou moeten inschatten: een hitnummer steekt alleen maar boven de rest uit. Neem bijvoorbeeld Maradona, Muhammad Ali of Eddy Merckx. Daar steekt Eddy de anderen de loef af!

Hoe meer we worden gedraaid op de radio, hoe vaker we

worden gevraagd voor optredens. Voor ons elke keer de gelegenheid om eens goed uit de bol te gaan. Verdorie, we zijn te jong om het succes naar waarde te schatten. Slim, begaafd en magisch; maar veel te jong.

De zomer van 1982 zal één van de mooiste zomers van mijn leven blijven. Iedere week treden we in kleine of grote zalen op. We doen de *Seaside-* of *Inside-* festivals, *Torhout-Werchter*, we zijn overal...

Sarah deelt onze loge, maar we behandelen haar net als de jongens van de groep. Wanneer ze ons vraagt haar privacy te respecteren in de loge om zich te kunnen omkleden, doen we alsof we niks hebben gehoord.

We zijn er alleen op uit om gore praat te verkopen, *shots* wodka te drinken en joints te rollen (de specialiteit van Roby).

Het gebeurt in Hasselt, volgens mij. We zitten in onze loge en op tafel liggen de onveranderlijke ham-kaas sandwiches, enkele frisdranken en alcoholhoudend spul, maar ook nog een lege vogelkooi. Volgens mijn gebruikelijke gewoonte heb ik de fles wodka weggestopt om te vermijden dat Nico die op zijn eentje zou soldaat maken en vervolgens stomdronken zou optreden.

Maar laten we eerst even terugkomen op deze surrealistische associatie sandwiches/lege vogelkooi. Misschien hadden de makers van een 'Allemaal Beestjes'-programma ergens een verborgen camera binnengesmokkeld om onze levenswandel te kunnen bespieden? Het kon niet missen: onze hersenen reageerden altijd pavloviaans om in zo een situatie een dikke poets te bakken. Deze keer trekt Roland de 'floche'. Hij haalt het beleg uit een sandwich en stopt er een hondendrol in. Vervolgens plaatst hij die sandwich in de vogelkooi. Hij loopt daarna zo onschuldig als een koorknaap in de loge rond, wachtend op onze reacties. Bij het zien van zijn kunstschepping rollen wij op de grond van het lachen, maar het valt geenszins in de smaak van Sarah…

De dagen kunnen aanslepen tijdens festivals. Ik herinner me te hebben gevoetbald tegen *Simple Minds* tijdens de backstage op het *Seaside*-festival in De Panne. Ik ben de eindscore vergeten, maar was toen bijzonder onder de indruk van de dribble-techniek van gitarist Charlie Burchill. En nog meer van hun Schotse tongval. Later zijn de *Simple Minds* afgoden geworden en het voelt cool als je eraan denkt dat je een balletje met ze hebt getrapt.

Affiche Seaside Festival 1982

Ik blijf erbij dat mijn grootste wapenfeit van die dag was, dat ik een bestelwagen op mijn eigen naam was gaan huren. Ik had de groep, incluis het materiaal, naar het concert-gebeuren dicht bij de Hollandse grens gebracht.

Backstage Pass – Seaside Festival

Na het concert was ik onmiddellijk met een vriend per auto huiswaarts gekeerd. Dolblij mijn vriendinnetje te kunnen oppikken om vervolgens nog uit te gaan in de *Mirano*.

Die nacht heb ik lang gewacht op de komst van de andere leden van *Allez Allez*. Wanneer ze rond 4 uur 's ochtends de deur van de *Mirano* openbonken, zijn ze woest...

Ik loop hen lichtverwijtend tegemoet: "Wel gasten, wat is me dat voor een uur ?..." Ik krijg nietsvermoedend het hele repertorium van Haddock over mijn hoofd. Ik was totaal vergeten hun de sleutels van de bestelwagen te geven. Ze hadden deur, contact en stuur moeten forceren, en waren er vandoor gebold met een ietwat wankel stuur. Er waren toen nog geen draagbare telefoons...

We trekken meer en meer naar Engeland om er op te nemen, op TV te komen, onze advocaat te ontmoeten of gewoon om er een concert te geven. Douaneposten aan iedere grens met soms pietluttige douaniers. Vroeger, om in het perfide Albion te geraken, nam je de veerboot in Oostende (de tunnel onder het Kanaal moest nog gegraven worden) en de overtocht nam 4 à 6 uur in beslag...

Al is het zomer of winter, het mag regenen of sneeuwen, ik vat moederziel alleen post op het achterdek, dicht bij de schroef, waar je de boot het minst voelt schommelen, maar waar je de uitlaatgassen van de schouwen inademt. Het is alsof die naar mijn neusgaten vliegen om zich neer te vlijen op mijn maag, met onherroepelijk steeds hetzelfde gevolg: ik word er zo misselijk van dat ik de vissen op een warme quiche trakteer... Terwijl mijn maten zitten te zuipen, te eten en te zwanzen.

In de veerboot Oostende-Dover.

Later vertrokken we vanuit Calais. Je doet er langer over met je bestelwagen, maar het is korter als overtocht in die angstaanjagende machine, de Hovercraft. *"Een luchtkussenvoertuig, amfibisch vehikel met aerostatische draagkracht en luchtvoortstuwing"*. Kortom een zeevliegtuig op luchtkussens. Hij vaart niet, hij vliegt. Dat betekent wel iets.

Aan boord van de Hovercraft heb ik al vlug mijn gewoontes bij de crew. Ik kom maar net aan boord of ze stoppen me een wit papieren zakje in de handen, dat ik zorgvuldig zal vullen bij de minste beweging van het vliegend schip...

Zeeziek ben ik altijd geweest en dat zal nooit veranderen. Je mag me vertellen wat je wil, dat uw boot niet schommelt bijvoorbeeld en een echt zeesalon is, dat er thans pilletjes bestaan tegen zeeziekte en dat het na enkele dagen wel zal overgaan… Dit kan me allemaal geen zier schelen! Nee verdomme, voor geen geld van de wereld zet ik een stap op uw boot. Zodra ik een boot van dichtbij zie en ik de mengeling mazout-zeewater riek, geef ik alles aan moeder natuur over. Ik word er grauw van en maak me dan snel druk… Kom dan maar niet te dicht in mij buurt!

Terug van weggeweest bij de douaniers. Deze keer in Calais, dus Franse douanebeambten. In Oostende herkenden de Belgische douaniers ons en ze waren trots op de Belgische muzikanten die in Engeland zouden optreden. Die lieten ons gewoon door zonder controle, af en toe zelfs "*Alleez Alleeez*" aanheffend (hoewel onze zakken volgepropt zaten met shit en dergelijke verwennerijen, goed wetend dat al dit spul in de jaren '80 verboden was, en dus volledig illegaal). Maar met hun Franse collega's wordt de overzet heel andere toebak. Ze zien er het feestelijke niet van in. Dit is volgens sommigen wat de Fransen meestal van de Belgen onderscheidt.

Bagage dus in de wagens, geparkeerd op de voorziene dekken. Wij moeten dan voor die Franse douaniers aanschuiven, zoals aan de kassa van een supermarkt. We leggen onze portefeuilles, onze camera's en alle andere persoonlijke spullen op een tafeltje voor controle. Roland heef zijn twee conga's meegenomen in plaats van die in de wagen te laten. We staan dus in de file te wachten op het onontkoombare verhoor: "Niets aan te geven, heren ?", wanneer plots één van die douaniers de conga's vastgrijpt alsof hij op de tombe van Toutankhamon was gestoot. Hij bekijkt en betast de conga's langs alle kanten waarop Nico al schertsend gewaagt: "Oelala, daar zou men van alles in kunnen verstoppen…". Een lange stilte volgt. Wij doen ons

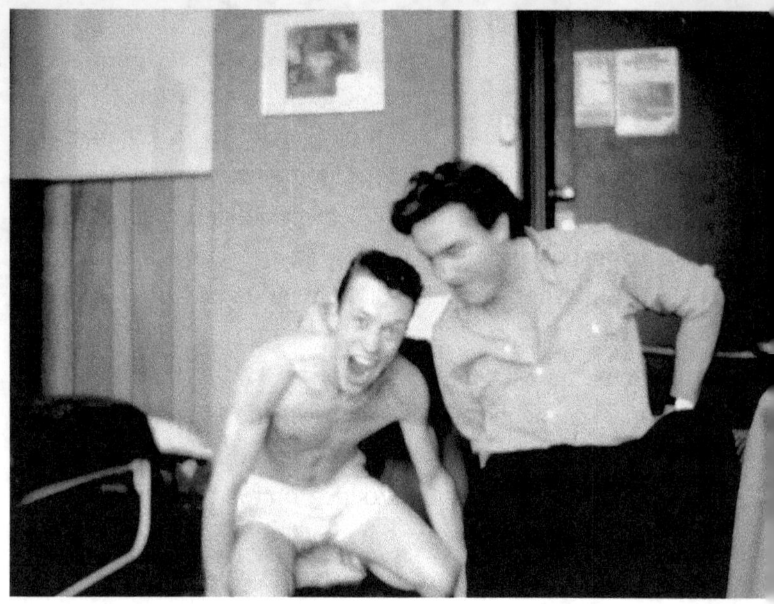

'Selfie' met Nico in een hotel

uiterste best om niet in een lachbui te schieten. We houden
ons in... Maar de scene bereikt stilaan een hoogtepunt...
De douanier went zich naar ons en staart Nico diep in de
ogen. "Twee ogen zo blauw..." had die douanier, doch hij
kijkt zo scheel als Clarence, de leeuw van Daktari (hét
dierenepos op de Belgische TV zenders). We krijgen er een
orgastische lachbui van.

"Men hangt hier de uil uit zeker?" zei hij.
"Wie van ons bedoelt u, mijnheer ?"
En hoepla, weer een lachbom in zijn bakkes.
"'t Is goed, Allez, Allez."
En we naderen de kliffen...

Tijdens de overzet kunnen we er helemaal niet van over dat
die controle niet uit de hand is gelopen. Was dit misschien
te danken aan het feit dat we met ons zessen waren en dat

de Hovercraft op het punt stond van wal te steken? Of hadden wij gewoon het winnende lotje getrokken?

Wel noppes! De molen begint pas te draaien bij de Rosbiefs. Clarence had ongetwijfeld zijn Engelse alterego opgebeld om die op de hoogte te brengen van onze komst. "Ge kunt ze niet missen: 5 blanken en één zwarte." *Let these bite the dust*. Laat die gasten het Engelse zand maar eens proeven…

Die dag staken we het Kanaal over met twee karren. De majestueuze roze Citroën DS van Roby met Nico aan boord, Frank onze roadie EN de shit glijdt door de mazen. De tweede wagen waarin Kristiaan, Roland en ikzelf zitten wordt volledig uitgekleed. Roland wordt zelfs gefouilleerd. Roland heeft altijd probleempjes aan de Engelse douanecontrole. Maar deze keer hebben ze het grof geschut bovengehaald. Ze doorzoeken ons materiaal tot op de laatste schroef en ze vragen me mijn versterker te openen om te zien wat er inzit… De achterkant van die *ampli* zit vast met 40 vijzen en ik heb geen schroevendraaier bij. Ik zeg hen: "Ok, ga je gang, maar je vijst hem achteraf weer toe…"

"*No, you'll do that*", repliceren ze.
"*Yes, but why* wilt u absoluut de ingewanden van mijn ampli zien? "
Grote stilte en dan knalt het antwoord:
"*Because* men zou daar van alles en nog wat in kunnen verbergen…"

Welcome to England !

Foto-sessie voor het tweede album.

Deze keer is onze bestemming Londen. Om twee nummers op te nemen: 'Valley of the kings' en 'My name is culture' in de studio van John Foxx, ex-zanger van *Ultravox*. Martyn Ware staat in voor de productie. Martyn Ware was in het begin bij *Human League* begonnen, maar nu is hij claviërist, componist en producer bij *Heaven 17* en voor de *BEF* (British Electric Foundation). Hij heeft onlangs met Tina Turner samengewerkt en is van plan de carrière van de diva een nieuwe zwier te geven. De geluidstechnicus is Gareth Jones (*Depeche Mode, Erasure, Fad Gadget, Nick Cave and the Bad Seeds,* en vele anderen…). We zijn dus in goed gezelschap. Twee dagen lang zitten we met ons gezelschap van 8 in een piepkleine studio, van het kaliber van mijn koelkast. In het besef dat die arme Engelse producers ons zeker niet zo gauw zouden vergeten…

Vooreerst waren we verre van de besten tijdens opnames in een studio, vervolgens was onze band toch een ietsje té kinetisch. De gitaren van John Foxx liggen daar zo maar in een hoekje van de studio en telkens als we een beetje te dichtbij komen roept de geluidstechnicus *"Don't touch John's guitars !"* Dit volstaat natuurlijk zodat we om beurten zouden gebaren dat we die willen vastgrijpen. En telkens herneemt de geluidstechnicus *"Don't touch John's guitars !",* wat de mallemolen nog meer aan het draaien brengt. Om maar te zwijgen over de *"Merci Gareth" (mes cigarettes)* die hij telkens om zijn oren krijgt.

Later heb ik dikwijls zitten denken: die arme sukkelaars hebben twee dagen lang 5 onverdraaglijke Belgen over hun nek gekregen. Die op de koop toe niet al te best samen konden spelen, onder invloed verkeerden en hysterisch deden.

Maar er is nog iets veel ergers aan de hand... De band heeft nu al 8 maanden samen gespeeld, we hebben een pak optredens op onze kerfstok staan, promo's gedaan enzovoort, en niettemin is het ons steeds ontgaan dat Sarah allesbehalve gelukkig is...

In het begin kon ze wel lachen met onze typisch Brusselse kwajongensstreken, maar tja... het begon stilaan op haar zenuwen te werken.

Sarah had een avontuurtje gehad met Kris, boven de doopvont van de groep, figuurlijk weliswaar. Nico zou wel zijn madelijntje in het theekopje hebben willen doppen... vergeefse moeite, maar Roland daarentegen had met haar een tijdlang een sympathiek koppeltje gevormd. Maar wanneer sex binnensluipt in een band, dan loopt het vaak spaak. Haar verhouding met Roland was enkele weken voor de Londense opnames afgebroken.

Voelt Sarah zich niet goed in haar vel omringd door twee ex-vrijers en drie andere koele lomperds? Zaak is: haar handel en wandel lijdt er ongetwijfeld onder. Ze zit daar, zonder er echt bij te horen.

En plots verschijnt Glenn Gregory, de zanger van *Heaven 17*. Hij is even binnengesprongen om zijn maat Martyn effe te highfiven en als bij donderslag krijgen we de hemel op ons hoofd! Glenn en Sarah worden letterlijk smoorverliefd terwijl we erbij staan, onweerstaanbaar tot elkaar aangetrokken. Sarah herleeft, zo te zeggen, haar

gezicht vonkt alsof ze aangesloten is op die 110 Engelse
volt. We st(r)omen die sessie dus in razend tempo klaar, en
geloof me, de rest van het programma die avond verloopt
veel trager…

We zijn nu reeds 21 jaar. Het succes lacht ons toe, we
treden vaak op in Nederland, doen Parijs aan en soms
raken we zelfs tot in Engeland. Het stijgende succes van
onze mini-LP en de bomvolle zalen tijdens onze concerten
springen stilaan in het oog van buitenlandse labels. In
de Amsterdamse Paradiso komen we in het vizier van
de NME, dé Engelse muziekbijbel. Een artikel naast *Les
tueurs de la Lune de miel,* een ander Belgisch muzikaal
fenomeen (ook bekend onder hun Engelstalige groepsnaam
The Honeymoon Killers), volstaat om ons door de Britten
te laten recenseren.

Maar ere wie ere toekomt: Gilles Verlant en Bernard
Goffin, onze producer en uitgever zijn eigenlijk hét duo
dat ons dicht bij de graal brengt… een contract met een
Engels label en niet zomaar om het even welk label: *Virgin
Records*! Het label van Richard Branson dat eveneens de
Sex Pistols, *Simple Minds*, *Culture Club*, enzovoort… op
stal heeft.

Ik denk wel dat we toentertijd één van de eerste, zoniet
de allereerste Belgische groep waren die rechtstreeks in
Engeland werden getekend. Omwille van dit contract
hadden we ter plaatse een vennootschap moeten oprichten
onder de hoede van Brian Carr, de advocaat van de *Pistols*
en *The Police*. *Virgin* had ons die advocaat aangeraden.

*Allez Allez op
cover van de '
(met Véroniqu
Vincent, de fro
vrouw van de
Honeymoon k
op de voorpa*

Wij allen dus naar zijn kantoor in de City, pal in de advocatenbuurt, om even kennis te maken en documenten te ondertekenen ter oprichting van onze vennootschap '*Jewelsnow Limited*'. Herman Schueremans, de promotor en oprichter van *Torhout-Werchter*, vergezelt ons. Herman wil later onze manager worden. Het moet gezegd worden: rondom ons schaart zich allengs een bende *Glorious Bastards*. Maar op 21-jarige leeftijd zijn we jammer genoeg onvoldoende matuur voor het plotse succes en het echte leven van volwassenen. De ernst heeft aan ons een broertje dood... We zijn per slot van rekening gewoon maar onnozele dwazekloten.

We zitten daar dus tegenover die advocaat, maar we luisteren niet. We ratelen erop los, zoals in de klas op de schoolbanken.

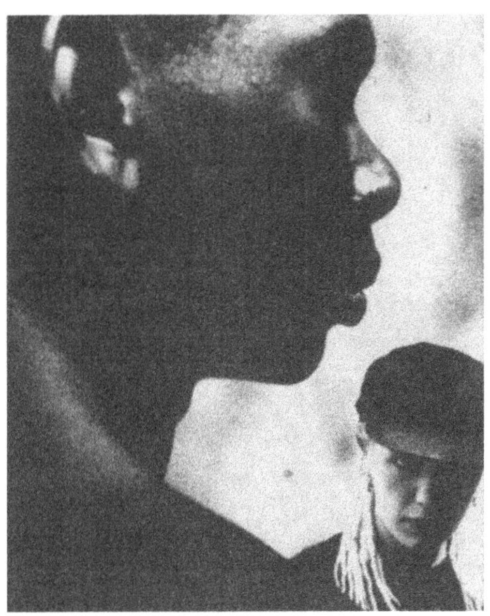

Roland en Sarah in de NME.

NME-journalist Ian Penman wordt in Amsterdam op sleeptouw genomen door Sarah's moeder. Een nacht stappen in mokum leidt tot dit staaltje bijzondere muziekjournalistiek.

"Five o clock in the morning too drunk to stand or speak, "Still she beckons..."
('African Queen')

LATER, CORNERED, a stroll through the singer's scrapbook. Although the Allez Allez 'sound' of the moment is a relatively happy echo, some of Sara's covered, coveted subjects — heart murmurs — aren't so very easy to see. Sara's songs... drawn from an (un)well spring of nerves, *"fragile memories"*, self without its *Contents* list, things that goosebump in the night. Self obsessive, tongue possessed.

Secret adjectives. Her hide-and-speak language camouflaged, so the obviousness of confession has been rinsed from the skin of speech. A lot about herself — a lot of the songs using the more schiz-y "she" rather than easy "I" — and a history's cavities; depravity of teen years, casualties, not so casual ties... the holes in her story.

"RAP... unzel!" I name her. Don't think she likes it.

But she raps, rip-rap, getting fed up — situated — in the repetition of current material, keeping on craving the cRUSH of the new.

Oh no! I make an uncharacteristic, pompous, flimsy comparison with... the unremitting and therefore unmovable, unlikely and therefore unmoving, HAPPY! dennotative popwork of Clare / Altered Images, thinking how much happier I am in the veils of 'honesty' and humour Sara / Allez Allez's poised patchwork permits me. (Both

singers are 20. But then we're talking birthday card numbers and not projected mental ages, here.)

"Words mean more than they did before..."

Onstage, Sara's voice is far more dramatic and playful than the recording process has so far been able to convey — effortlessly impolite, lifting-up and tying knots, just about to open those tiny hinges only your more cherished singers find. "... those stumbling words that told you what my heart meant ..."

T, URN OVER and rest your weary culture. Wrest its passion back! Come out, come out, wherever... Allez, allez, vite!

"The only thing those two have in common is their uncommon spirit."

SO, WHAT do you think he means? – "These — are — real — good times, leave your.... I think.

I don't think my receptivity at a live performance has been opened up quite so much — so unusually, unexpectedly: a *jagged* active, almost certainly threatening pleasure — as it was this sweet long weekend in Europe. There are notebooks — novels! — of details I simply haven't the time, or the space, or the nerve, to translate. After all, *"there are such things..."*

The piece stops in a few words duration; the process is always just about to begin again. And furthermore...

Ik herinner me dat we onze namen op in tweegevouwen papiertjes krassen, die statig vóór ons lagen op het bureau zodat die advocaat zou weten met wie hij te doen had. Maar we hebben er een zotspel van valse namen van gemaakt. Ikzelf ben dus een tijdje Franz Beckenbauer! Maar, alsof dit nog niet volstond, zat die advocaat met een baard opgezeteld die herinnerde aan de befaamde/beruchte Leuvense ringbaard? *Got it?*

Dat afstotelijk, met hemelse precisie kortgeschoren ringbaardje, dat met een typisch katholieke strakheid de vormen van je kin omhelst. Wel, om met hem de zot uit te hangen tijdens die plechtige vergadering, hebben we in allerijl papieren baardjes uitgeknipt die we onder onze kin houden. Terwijl hij ons de statuten van onze vennootschap voorleest en ons poogt de kleine letters van het contract, dat we op het punt staan te tekenen met Virgin, uit te leggen. Sarah kan daar allesbehalve mee lachen…

Wanneer we buiten komen is Herman Schueremans al van gedacht veranderd… Hij zal nooit onze manager worden… We malen er niet om, en om onze eerste valse noot evenmin.

We konden het succes niet aan, we waren veel te slordig, te immatuur, te zelfingenomen, te arrogant en te jong.

Na dit waanzinnig weekend keren we terug naar België. Ik naar de kazerne, de rest van de groep op hete kolen voor de twee volgende concerten: in Torhout en Werchter.

Backstage in Werchter, 4 juli 1982.

Ik herinner me *Torhout*
niet zo goed meer, behalve
dat we rond de middag
optreden voor een
publiek van circa 30.000
enthousiastelingen die
neergevlijd liggen op
een weide. Prachtig
weer. De nacht voordien
hadden we in Torhout
doorgebracht en we
waren onophoudelijk van
de ene kamer naar de
andere gekropen langs
de vensters.

Het is ook in *Torhout* dat ik Chris Payne, de bassist van
The Members (een Engelse band die een supersingle '*The
sound of the suburbs*' had uitgebracht) mijn basgitaar leen.
Hun eigen spullen waren tegengehouden aan de grens !
*"Hahaha! aan de douane, beter nooit je artillerie aan de
douaniers tonen, makker! Hier zie, ik leen jou mijn bas."*

"Thank you, mate.", antwoordt hij alvorens op het podium
te stappen. Wanneer hij terugkomt geeft hij mijn basgitaar
terug met een gebroken jack input.
"Sorry mate…"

Ramp! Ik snel, op zaterdagnamiddag, haastig naar Brussel
om de bas te laten herstellen bij *Hill's Music*. De volgende

Werchter (online, google: 'youtube' 'Allez Allez' 'werchter')

middag om 12 uur moeten we
in Werchter spelen en ik had
slechts één bas. *Hill's Music*
klaart de job voortreffelijk.
Daar blijf ik hun voor eeuwig
dankbaar voor.

Werchter herinner ik me veel
beter. We staan op hetzelfde uur
op het podium vóór 40.000
toeschouwers, die in het begin

Backstage Pass – Torhout/
Werchter 1982

van de set nog zitten, maar op het einde rechtveren om
« *Alleez Allez, Aalleez Aaallez !* » te scanderen. Het is
12u50…

Het publiek blijft onze naam brullen gedurende de pauzes
tussen de elkaar opvolgende groepen. Twee à drie jaar
later gebeurde dit op *Torhout/Werchter* nog steeds…

Over dit magisch moment in Werchter is er op mijn
Facebook een video te vinden waarop we ontegensprekelijk
voorkomen als een hoge snelheidstrein. Een trein vol
tienervreugde of was het eerder een trein boven een
koekoeksnest?

Het is ook in Werchter dat ikzelf me als muzikant voor de
eerste keer kan waarmaken. Je staat daar vóór een breed
publiek van meer dan 40.000 enthousiastelingen. Je denkt
niet langer na. Je vingers blijven je bas-hals strelen, hij
schijnt je aan te moedigen: "Hey Serge, besef je wel wat
je hier beleeft? Prent dit moment van gekte in je geheugen,
dit publiek, dat uit de bol gaat voor je band en bewaar het
voor de dagen waarop je down zult zijn…"

Werchter 4/7/82

De video die van dit optreden bestaat zal daar wel voor iets tussen zitten, maar vandaag nog geeft de herinnering aan die 4e juli van 1982 me een zalig gevoel van welbehagen.

Het zijn juist die bevoorrechte momenten die ik gedurende mijn hele leven als zanger heb willen herleven. Hetgene me heeft voortgestuwd, mijn zelfopoffering heeft gevoed of mijn koppigheid om niet te verzaken. Tegen alle tegenwind in, op het podium staan om opnieuw die trillingen te voelen. En 35 jaar later, mijn criticasters ten spijt, sta ik er nog. Vóór zo'n groot publiek heb ik nooit meer gespeeld, maar die zalvende indruk heb ik sedertdien meerdere malen herbeleefd.

Eind juli, na *Werchter,* is mijn legerdienst voorbij. Zodra ik afgezwaaid ben, duiken we in de studio om het album *'Promises'* op te nemen in Brussel.

Werchter 4/7/82 © H. Selleslags

Backstage in Werchter 4/7/82 © H. Selleslags

Werchter 4/7/82 © H. Selleslags

Backstage in Werchter 4/7/82 © H. Selleslags

PROMISES

Na de Londense
ervaring werd
besloten dat de
opnames zonder
Martyn Ware, onze
producer, zouden
verlopen. Of zou het niet
eerder Martyn zijn
geweest die geen 15 dagen
opgesloten in een studio
met die Belgische zotten

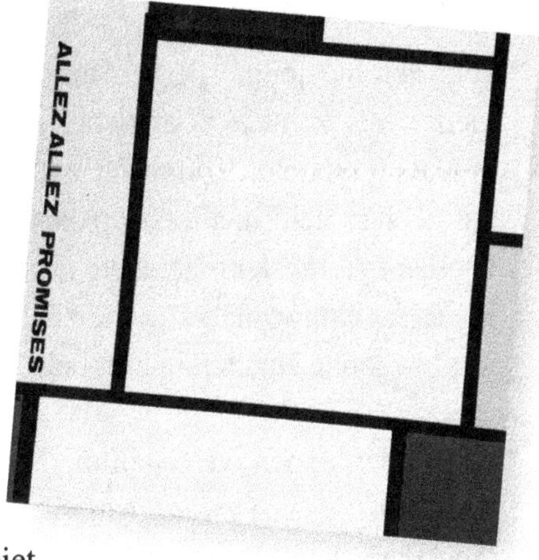

*Hoes van het album
Promises' (eerste versie)*

wou doorbrengen? Ik weet het niet zo goed meer… Hij
komt nadien alleen nog tussenbeide voor de eindmix.
We hebben voor *studio Molière* gekozen (ex-RKM). De
geluidstechnicus is Alan Ward, die voordien onze mini-LP
had gemixt. Erwin Autrique, die later een gerenommeerde
producer zal worden, is zijn assistent.

We hadden Erwin al onder de arm genomen als geluidsmixer
voor de live-optredens, en hij heeft ons gedurende de ganse
tournee vergezeld. Erwin, die van nature nogal schuchter
is (lees dit als een *understatement*), zou met ons nogal wat
beleven in de bestelwagen. Hij lust ook wel bedwelmende
sigaretten, maar de joint valt hem steeds langs hiërarchische
weg, quasi uitgeblust in de mond. Meestal moet hij zich
dus tevreden stellen met de kartonnen filter… Op zekere
dag echter heeft hij, eindelijk, de joint mogen aansteken.
En logischerwijze, zou hij dus tenvolle moeten kunnen
genieten van de smaak en bedwelmingskracht van een

vers gerolde joint. (Ik heb het altijd vies gevonden dat men joints zomaar doorgeeft...) Erwin is in de wolken omdat hij eindelijk zijn trofee zou kunnen aansteken, maar we hebben hem niet verklapt dat we de joint volgepropt hebben met tabak en geraspte kaas. Ik schiet vandaag nog in een lachbui wanneer ik me zijn smoel herinner toen die joint begon te smelten in zijn bek...

In Brussel nemen we 6 nummers op. 'Mama Lou Parkes' heeft het over een zwarte Amerikaanse danseres die bij de legendarische *Whitey's Lindy Hoppers* hoorde en die in de jaren '70 en '80 klassieke Afro-Amerikaanse dansen onderwees, zoals de *Cake Walk*, de *Snake Hips*, de *Solo Jazz Dance*, en de *Lindy Hop*. (Bedankt Wikipedia!)

Wat de overige songs betreft, voel je bij Sarah duidelijk een gedragswijziging. Sinds ze verliefd is op Glenn, is ze duidelijk een andere persoon geworden. De opgekropte frustraties door het gebrek aan aandacht, de erbarmelijke logeercondities en de onenigheden over het delen van de auteursrechten zijn haar teveel geworden.

'Flesh and Blood' weerspiegelt Sarah's malaise, die zich van Glenn gespeend voelt aan de overkant van het Kanaal, alsook haar slinkende respect tegenover ons als ze naar België moet overkomen.

"When I go away I am always with a friend. They are never really there, my mind is somewhere else. Strange places pass me by, riding through the town, breeze has the softest touch, but I need yours so much..."

Single 'Flesh & blood'

'*The time you cost me*' *i*s van hetzelfde slag, en aan ons geadresseerd volgens mij.

"*Don't forget the time you cost me, don't forget my time*".

Evenals 'Unwritten Symphonies', een song met een bombastische titel, die klinkt als de kroniek van een aangekondigd einde:

"*Why do these friends keep pulling strings wool over my eyes night spent leaning on my window sill. No one ever thinks they're going to lose the game…*"

John Sluszny (en dochtertje) in Studio Molière

Hetzelfde geldt ook voor 'Things we used to do': "*Promises echo in my head where my mind eye sees things we used to do*".

'Swedish girl', 'Valley of the kings', 'My name is culture' waren titels die ze schreef vóór de Glenn-tijd en bevatten niet dezelfde wrok en vertwijfeling.

De sessies zijn gedenkwaardig, tijdrovend, grappig, zenuwslopend en doen ons trippen. Voor de allereerste keer nemen we de tijd om te herbeginnen en steeds bij te schaven. We proberen op het juiste tempo te spelen met een metronoom. Ik zeg wel, we proberen, want als je aandachtig luistert naar 'Flesh and Blood' merk je dat het tempo op het einde niets meer te maken heeft met het tempo in het begin.

Wij sluiten altijd af in galop! Dat is ons handelsmerk.

Vandaag kan de operatie *erase/copy/paste* op een PC in géén tijd worden klaargespeeld. In die tijd nam men op 24 analoge sporen op. En als men iets verwijderde, betekende dit dat men werkelijk in het bandje sneed, met als risico het te verwoesten en *from scratch* te moeten herbeginnen. Daarna probeerde men het bandje weer samen te plakken.

Nadat de songs zijn opgenomen worden er violen aan toegevoegd. Die arrangementen zijn van de hand van John Sluszny, een Belgische muzikant uit de jaren '60. Ik heb spijtig genoeg geen enkele herinnering aan die sessie, omdat noch Roby, Roland en ik waren uitgenodigd... Waarschijnlijk schopten wij te veel keet.

Anderzijds kan ik in het lokaaltje van de studio waar de cassettes worden gedupliceerd, voor de eerste keer luisteren naar die arrangementen en die herinnering is me bijgebleven. Ik bleit er hete tranen bij het beluisteren van *'Swedish Girl'*. Na de laatste strofe smelten de violen en het koper samen en effenen de weg voor de saxsolo, die uitmondt in een olifantengetrompetteer, de paukensolo, een Tito Puente uit Frans-Congo waardig en uiteindelijk de crescendo naar de slotregel van de plaat...

We hadden de punk met de papfles ingelepeld gekregen, we waren geen *studioprofessionals*. Maar verdomme, als ze de snaar van onze ziel en ons hart bespelen, kunnen ze me zelfs doen huilen.

De andere Belgische muzikanten kijken op ons neer. Ze benijden het ons dat zulke slechte muzikanten, die het met

'Flesh & Blood' live in het BBC-programma 'The Old Grey Whistle Test'

twee akkoorden moeten doen, toch het verschil uitmaken in België. Zowel in Vlaanderen als Wallonië, maar ook in Holland, Frankrijk en tot in Engeland toe. We geven er niet om en hebben er schijt aan.

Ik herinner me een live-optreden op de BBC voor *The Old Grey Whistle Test*. We delen de affiche met de Engelse groep *Japan*. Het publiek kent ons niet en zit daar hoofdzakelijk voor de band van David Sylvian, de zanger van *Japan*.

We spelen zoals gewoonlijk met ons ingeboren Brussels lef. Volle gas, vollenbak *et hop*!

Na de auditie scandeert het publiek: "We want the Belgian band"…

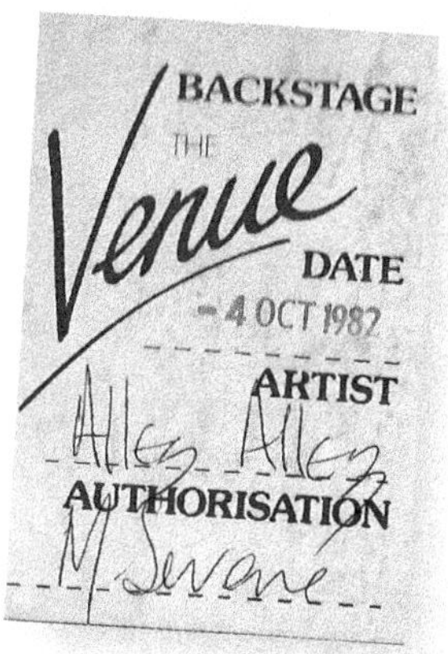

Backstage
Pass – The Venue
(London)

Ik moet er wel aan toevoegen dat Japan het ons gemakkelijk had gemaakt met twee trage en strontvervelende nummers.

We doen optredens in de *ICA* in Londen en ook in *The Venue* (die in feite Virgins eigen tent is). In het publiek zitten de leden van *Siouxsie and the Banshees*.

Backstage Pass –
ICA (London)

Dave Rimmer is entranced by the Belgian waifs

Sarah onstage at the ICA

Allez Allez *maakt indruk met hun optreden in ICA, (artikel in het magazine 'Masterbag', september 1982).*

IT'S Thursday. It's 3.30 in the afternoon. People idle in and out of the ICA, looking at paintings, sipping over-priced cups of coffee.

In one corner of the deserted bar, three figures can be discerned, slumped round a table in postures of despondency. One of them is a journalist, preoccupied in equal measure by disastrous revelations concerning his finances, and the hour and a half he's been waiting for Allez Allez to show. The other two are the organisers of the ICA's excellent "Joy Of Mooching" week.

The party exchange anxiou[s] bemused glances. Why, they only just arrived in town, and this *fou* with musical notes all [over] his shirt babbling at them in p[erfect] French. A funky Belgian pop [band] they are clearly not.

Eventually, Allez Allez arriv[e] as the journalist is about to sto[rm] home. In a moment of premat[ure] optimism, he produces a tape recorder. No dice. There are so[me] checks to be done. He slumps b[ack] into his seat to pass the next ho[ur in] a state of near catatonia. The ba[r]

"Someone described us as 'dance and trance music', which is quite adequate"

They too are worried.

The journalist drums his fingers. The organisers consult their clipboards. Something has to snap.

Suddenly one of the organisers leaps to his feet. Undue stress has clearly taken its toll. Clutching his clipboard to his chest, he stumbles out into the entrance hall. Ah! He spies a party of young French-speaking people. Lurching in their general direction he exclaims gleefully: "Allez Allez!"

begins to fill. The percussive stra[ins] of "African Queen" are gradually sumberged in the ensuing hubbu[b].

At half past five, the journalist [is] finally able to talk to Belgian guitarist Nico and English vocalis[t] Sarah. Collecting his thoughts, he hurriedly consults a list of questions. There's only 15 minute[s] left before his next appointment. Over the noise from the bar, we ca[n] just make out fragments of the ensuing conversation . . .

of the organisers interrupts
the guest list. Someone
order across the bar. Sarah
their distress at the
night's gig in Manchester,
mes English racism for the
non-reaction from the
crowd. Nico talks of Allez
poverty. Their problem is:
"To survive."

"We are trying to survive
with our music. In Belgium
can do that. We are now
an a Belgian band, but not
ternational band. Surely
nglish band. We don't
here we are, we don't know
are."

"We have to pay.
w we've got to find a way of
hat we want to do without
o pay for it. I think we'd be
ast to get our meals provided
newhere, because it's
We just can't afford to go

foreigners. Like muck, basically.
Like a joke."

What you really need is a . . .

Sarah: "A manager. A fucking
good one. With a heart of gold and a
lot of patience. We'd like a proper
recording contract. It would save so
much trouble. Just so we can
survive and make the music we want
to do. With no hassles. It's just too
much trouble at the moment."

A member of the ICA staff
interrupts to ask what drinks they'd
like backstage. They request
whisky. They are offered either beer
or lager. Robbie explains how their
current album was made a year ago.
It's taken until just recently to get it
released.

Robbie: "Now we have the new
record produced by BEF and we
want to get it out. I told someone
we'd maybe get it out next week. He
said, you're crazy, the other one is
still being played on Capital Radio."

Then they ring up and say 'oh sorry,
we don't have enough money to sign
you'. We had four labels offering us
deals, and then suddenly – nothing."

**To get much further with
English labels, you'd probably
have to move here for a while.**

Sarah: "Next to getting a
manager, that's our biggest
problem. Belgium's too small a
market. Only *just* too small as well."

Nico: "And so (he puts his arms
around the other two) we have the
blues."

Much later, the concert is in full
swing. The audience flow back and
forth 'twixt theatre and bar. The
organisers, a little more relaxed
now, still tout their clipboards.
Sarah sits chatting to Glenn Gregory
of Heaven 17.

The journalist wanted to enjoy
himself, but couldn't in the end.
Despite a bubbly, bouncy
performance, what sounded fresh

ez (L-R) — Nico, Sarah, Christian, Roland, Robbie and Marsassou

e: "We get a little money
label . . ."

"But Kamera are a little
ou can't expect much. And
thing again about English
eing racist. They're
ve about their English
ut they treat us like

It's a problem."

Nico: "When I think RCA
wanted to sign us a year ago . . ."

Sarah: "Yeah, they sent me
around looking for flats for the boys.
They said if you all come to
England, we'll pay you this a week,
we'll put you in a studio. So I traipse
around for a week looking at flats.

and relaxed on the "African Queen"
album comes over as fussy and
forced on stage. His mood perhaps?
Though many in the crowd stand
equally unmoved, many more
dance, shout, and show all the signs
of having a good time.

Never mind. It's still a great
album.

Vóór de pisbakken na het concert pissen de Engelse muzikanten tegen ons aan: "Ongelofelijk, die kleine Belgische snotneuzen zijn erin geslaagd te tekenen bij Virgin. Strontmuzikanten zijn het…"

Ik sta naast hen en geniet ervan, terwijl ik me leegzeik. Daarna rijden we naar Manchester om er in de Hacienda op te treden. We doorkruisen Engeland, er was toen nog geen snelweg. We passeren arbeiderssteden als Sheffield, van waar Glenn Gregory afkomstig was. Een donkere arme vuile stad.

Maar we rijden ook door het prachtige Engelse platteland, doorspekt met loslopende schapen. Even vóór Manchester, terwijl we stoppen om te plassen, haalt onze saxofonist Eric Michiels (*) zijn instrument boven (nota bene: zijn sax) en begint hij te spelen voor de schapen. Die kerel wil de klank van zijn sax horen, in volle boerenbuiten. We drijven ogenblikkelijk allemaal de spot met hem. Nee zeg, waarmee komt die artiest nu voor de pinnen? We hebben lak aan pseudo-artistieke uitspattingen. Degene die het toch aandurft krijgt terstond een volle lading sarcasme en spot over het hoofd. We zijn meedogenloos.

Eric is een Vlaming, eerder van het getormenteerde type, bloedernstig en hij draagt een bril. Met Jan Weuts (**),

<hr>

(*) Eric Michiels / Eric Sleichim speelde in de jaren tachtig bij tal van groepen zoals *Allez Allez, Lavvi Ebel, Soft Verdict* en *X-legged Sally*. Met zijn eigen gezelschappen *Maximalist!* en *BL!NDMAN* verwierf hij wereldfaam.
(**) Trompettist Jan Weuts toeterde zichzelf de onsterfelijkheid in op albums van onder andere *Allez Allez, Red Zebra, Lavvi Ebbel, Anna Domino, Arbeid Adelt!* en *X-Legged Sally*.

vormt hij *The DT's*, onze kopersectie. Ze behoren niet tot onze band en vervoegen ons pas op het podium of in de studio, naargelang de gages. We mogen die gasten graag. Al komen ze niet uit hetzelfde milieu als wij. Rustige Vlamingen, intellectuelen (vooral Eric) en echte muzikanten die partituren kunnen lezen en de maat kunnen volgen. Iets wat wij als oude punks niet kunnen. Op het podium reageren wij alleen maar op tekens van Kristiaan, zoals honden op *Frolics* reageren. De leden van *Allez Allez* hebben hun eigen taal en dat volstaat. Maar voor de bijgekomen muzikanten is dat moeilijker…

Begrijp me, muziek is mathematisch en logisch, behalve voor ons. Ik zal dus niet langer uitweiden over de moeite die die gasten hebben moeten doen om ons te begrijpen. En op de koop toe hielden we hen steeds voor de mal. Eric draagt een bril, en voordat hij zijn sax in zijn mond steekt, duwt hij steevast zijn bril zover mogelijk naar achter met zijn wijsvinger. Ieder op zijn beurt apen we hem na en hangen we ostentatief met hem de zot uit. Dankzij hem word ik later een specialist van de *running joke* denk ik, met als gevolg dat je dan vlug lomp overkomt. We hebben samen toch veel pret gehad, vooral omdat we wederzijds veel van mekaar hebben geleerd. We zullen de *DT's* nooit genoeg kunnen bedanken.

Al de verplaatsingen verlopen met de bestelwagen. Zet 5 muzikanten in een bestelwagen op weg naar een tournee: ze zijn pas de hoek om of de eerste moppen worden al getapt, nog geen minuut later zijn ze hun vriendinnetjes al vergeten en tappen ze macho-taal over de meiden. We zijn zodanig opgewonden bij de gedachte te mogen optreden dat we het moeten uitschreeuwen.

Laten we even terugkomen op ons optreden in Manchester. We moeten wel toegeven dat we daar niet veel toeschouwers hadden. Eerlijk gezegd, er zat bijna niemand in die splinternieuwe nachtclub, die toen nog niet dé mythische *Hacienda* was geworden, brandpunt van de *rave*-cultuur. Het kan best zijn dat wij voor de vooropening hebben gezorgd. De allerlaatste test voordat de raket werd afgevuurd. Alles was daar zo nieuw en proper dat ik de indruk kreeg in een hospitaal te spelen. Maar goed, ik mag toch aan mijn visitekaartje toevoegen: *I played the Hacienda*. Die avond zijn we helemaal teneergeslagen naar ons hotel teruggekeerd, en hebben we ons om ter snelst afgetrokken... Roby heeft gewonnen. Zie je nu dat we verdomme lomp konden zijn...

Allez Allez treedt dikwijls op in Nederland. We hebben een tourmanager die zijn vak goed kent, maar op zijn Hollands, met Spartaanse voorwaarden. Alle Belgische artiesten die in Nederland optreden beseffen heel vlug dat de maaltijden te hunner laste zijn en dat de dranken in de loge geteld worden. Die dag in de buurt van Groningen blinken de kaaskoppen echter boven alle anderen uit. Een totaal miskraam op het vlak van onthaal.

Eerst en vooral hebben ze enorm veel vertraging opgelopen en is er niemand om ons in te lichten. Het festival vindt plaats in de open lucht, in een park. De loge is in feite niets meer dan een oude container, zonder ramen en zonder de minste inrichting. Binnenin een versleten neon-licht, niets meer dan een paar stoelen en een tafel zonder drank, fruit of snoep. Geen maaltijd. Niks. Niets te doen ook, tenzij wachten. Buiten is het publiek futloos en onder invloed en het stinkt overal naar wiet. Omdat ze ons volop laten

verstaan dat ze geen zier om ons geven, besluiten we het
hun betaald te zetten op hun eigen manier.

We klimmen op het podium, maar géén van ons heeft
zijn eigen instrument bij. Roby speelt gitaar, Roland
drums, Sarah gitaar, Nico bas, Kris staat aan de micro te
zingen en ik zorg voor de percussie. Een uitzinnige en
onsamenhangende muzikale draaimolen. Twintig lange
minuten boren we elkaar zo live de grond in tegenover een
verbouwereerd publiek dat er geen snars van snapt. Bij
elk liedje wisselen we van rol en instrument. Om dan te
besluiten met onze eigen instrumenten en 'Allez Allez' en
'African Queen' in XXXL versies…

Moeilijk te geloven maar toch waar: we palmen finaal
het publiek in! Sommigen komen ons zelfs heel ernstig
feliciteren en vertellen ons dat onze show de pannen van
het dak had geblazen. Wat een overdadig gebruik van wiet
toch kan verwezenlijken, nietwaar?

Allez Allez bezit een ongelofelijke kracht op het podium,
niets kan ons tegenhouden. We zijn onstuimig, jong,
complexloos. Afzonderlijk zijn we niets waard als
instrumentalisten, maar samen zijn we niet te kloppen.

Het is een soort onverklaarbare, ontastbare positieve
chemie, een gave die we hadden moeten beschermen,
voeden en koesteren zoals een liefde. Maar tja, als je jong
bent begrijp je dat niet, je neemt de tijd niet om daarover
na te denken. Je verkeert in de waan dat dit je leven lang
zal blijven duren.

Single 'Valley of the Kings'

In 1982 mogen we, op kosten van Virgin UK, voor de single 'Valley of the Kings' een clip opnemen. Met een draaiploeg en alles erbij. We gaan zelfs op reis vertrekken… De muziekzender MTV is immens populair, en een videoclip is een must. Van de ene dag op de andere schieten er een beetje overal een rist productiehuizen en regisseurs uit de grond.

We hadden al een videoclip ingeblikt voor 'African Queen', doch die leek meer op een opeenvolging van Z/W scènes voor een culturele uitzending van de BRT dan op een clip. Sarah stond erin te zingen, rechtstaand op een bootje met Roland aan het roeien in het holst van de grotten van Han, dat was alles. Het werd pas grappig na de clipsessie. We waren weggereden met onze Ford Transit zonder Nico, die hadden we achtergelaten op de parking. Toen we na enkele seconden terugkwamen, stond hij daar ziedend maar kon hij geen hysterische lachbui bedwingen, een typisch gemengde reactie bij Nico. Hij was ons als een bezetene achternagelopen, brullend als een krankzinnige. We waren dan nog eens efkens voortgereden, zonder hem, juist om te zien hoe hij zou reageren. Toen hij eindelijk mocht instappen, deed hij ons duidelijk verstaan dat het nu welletjes was geweest, want hij rukte gewoon de achteruitkijkspiegel aan de kant van de bestuurder af. Zonder meer, voor de grap…

Gilles, Kris en Nico trommelen ons voor een vergadering op. Om de draaiploeg te ontmoeten en ons de pitch te verduidelijken. Een vergadering dus. Een beetje zoals op

Opnames van de video-clip 'Valley of the Kings'

een ministerie? Ik weet niet goed waarom, maar we hadden net een contract getekend met Virgin en alles leek zo plechtig te worden.

We maken kennis met de regisseur en zijn assistent, eigenlijk twee-oudgedienden bij de RTB... 't Was dan ook niet alsof die van Hollywood waren overgevlogen. Die meneren kwamen het ons verwarrend, doch zo overtuigend mogelijk uitleggen, als doorgewinterde marktkramers. *"Zien jullie het, we trekken naar Turkije, we gaan het Oosten filmen. Jullie slenteren door de stad, springen theesalons binnen, druipend in een kroegsfeer jaren 30 en verzinkend in bruine rookwalmen. Op zoek naar Sarah."*

Na 16 seconden van deze vergadering hebben we al in het snuitje dat er helemaal geen scenario is en krijg ik de indruk de clip voor *'Golden Brown'* van *The Stranglers* te

Wachtend op de zonsondergang...

zien… Ik kan het niet laten om het hun te zeggen. Kris nam me terzijde en vroeg me te zwijgen.

Door problemen met de visa vertrekken we echter niet naar Turkije, het wordt Israël. Van zodra je uit het vliegtuig stapt, heb je het door dat je niet in het land van *Placid* en *Muzo* bent beland. De ene controle na de andere, van het ene *checkpoint* naar het volgende. Je ziet bewapende vrouwen en mannen van alle kanten. Om een beetje te ontspannen besluiten we elkaar te knijpen telkens als we een rabbijn in het vizier krijgen. Dit bengt ons 2 uur lang aan het lachen, maar onze armen zitten vol blauwe plekken. De clip-opname blijkt strontvervelend, traag en tijdrovend, zoals voor alle clips trouwens. We verslijten onze tijd op zoek naar een kameel (eigenlijk een dromedaris), omwille van *the Oriental touch*. Na drie dagen lang het land te hebben doorkruist, vallen we uiteindelijk toch op één armtierig beestje.

Roland, de cameraman en de 'khôl'...

We zitten ons dood te vervelen in die bestelwagen, op uitkijk naar een zonsondergang met een bedoeïen (*Oriental Touch!*). Het is niet meer uit te houden. De assistent-regisseur heet Philibert Thirion. Zijn voornaam is voor ons al gezegende koek. PHI-LI-BEEERT! We galmen zijn voornaam in de straten van Jeruzalem en verstoppen ons onmiddellijk daarna. Nietsvermoedend kijkt hij telkens om. Hij laat zich steeds beetnemen en wij rollen over de grond van het lachen. Philibert was op reis vertrokken zonder onderbroeken in zijn koffer, hij had er ons een woordje van opgebiecht. Slecht idee... Twee seconden je verdedigingshouding laten zakken... We scanderen erop los: "Thirion, Thirion, hier kan men van alles kopen zelfs caleçons", door de megafoon van de produktie. De regisseur komt woedend zijn assistent ter hulp gesneld.

15 seconden later, tussen 2 shootings in, jatten we Sarah's khôl (*eyeliner*) en strijken we er het rubbermembraantje (dat dient als bescherming voor de cameralens) mee in. Er rest ons slechts af te wachten... De assistent drukt zijn oog tegen de camera voor een afstelling, en wanneer hij weer opkijkt staat hij daar met een zwarte kring rond zijn oog. Weer eens prijs en een algemene schaterlach...*Allez Allez* had voor hetzelfde geld de koosnaam 'de Lomperikken' kunnen kiezen.

Van Sarah is me tijdens deze trip niets bijzonders bijgebleven, behalve wanneer ze in de clip weent, zonder te moeten *faken*. Voor de rest heeft ze haar tijd moederziel alleen vooraan in de bestelwagen versleten. We spraken om beurten met haar, maar er was iets geknapt. We verkeren in de waan dat het wel zal beteren, hoewel ze Glenn mist als een moeder haar oogappel.

Na drie dagen opnames en kilometers dwalen in de woestijn kunnen we huiswaarts keren. We hadden enkele shoots van Jeruzalem, een zonsondergang en een oude kameel. Droomreisje, ja toch?

We vertrekken vanuit Tel Aviv en het minste dat we kunnen zeggen is dat die Israëlische douaniers verre van plezante gasten zijn. Elke passagier moet door een kleine vestiaire lopen en enkele vragen beantwoorden van het kaliber: "*Waar komt U vandaan? Wat is Uw bestemming?*", enzovoort.

Kris hangt de clown uit…

Ik weet nu nog steeds niet wat Roland bezielde om een allerlaatste mopje te tappen alvorens het land te verlaten.

Op de vraag *"Waar komt U vandaan"*, antwoordt hij *"van de Taj Mahal…"* Met als gevolg dat we meer dan een uur vastzitten, totdat hij alles kan uitleggen en uiteindelijk wordt vrijgelaten…

Terug in België haasten we ons naar de studio om er enkele beelden van ons in toga en blote borst op te nemen. Maar waarom in godsnaam in toga? Wanneer de videoclip uitkomt blijkt hij al bij al nog mee te vallen. (Je kan hem bekijken op YouTube.)

Hartelijke dank en onze oprechte excuses aan het adres van de opnameploeg.

Nicolas en Sarah geinterviewd door Fabienne Vande Meerssche in het programma 'Génération 80'.

Als kazakkendraaiers schieten wij opportunistisch de hoofdvogel af wanneer we, om op TV te mogen komen, aanvaarden deel te nemen aan *Chansons à la Carte*. Dat is een uitzending die we drie jaren tevoren, gedurende de punk, bespuwden. De Belgische wereldster Adamo, die ook in de uitzending zit, is zodanig begaan met Sarah dat hij haar koste wat het kost wil versieren. We staan daar op een TV-plateau voor oudjes en dé zanger bij uitstek van die oma's zit daar ONZE zangeres op te vrijen… Ons zo verloochenen, om dat dan te moeten meemaken.

Af en toe komt er echter weer een scheutje punk-attitude bovendrijven. Zoals tijdens een uitzending van *Génération 80* die Fabienne Vande Meerssche presenteert. Alle binken zijn gek van Fabienne.

Onmogelijk te ontsnappen aan 'neon' in 'Génération 80'.

De regisseur van de uitzending (toevallig dezelfde die onze clip voor 'Valley of the kings' had geregisseerd) had een éclair-vormige neonbuis besteld en die had hij boven ons gehangen. We werden verwittigd: dit is uiterst broos materiaal en mag onder geen beding worden aangeraakt.

Voor ons was neonlicht het summum van de wansmaak van de jaren '80. Ook al zeggen we hem dat we dit ouderwets en passé vinden, en dat dit hoegenaamd niet strookt met ons imago, die kerel geeft niet op. Hij wil per se zijn neonbuis op het scherm zien. En hij beweert ze zelfs speciaal voor ons te hebben gekocht.

Daar vinden we een even simpele als radicale oplossing voor. Tijdens de repetitie licht ik de voor de gelegenheid gehuurde contrabas op en raak ik 'per ongeluk' de neonbuis, die terstond ontploft. *Punk Is Not Dead*.

Een uitverkocht Vorst Nationaal voor het begin van het optreden

Muzikaal vuurwerk in Vorst Nationaal!

Na de opname van die clip staat ons het voorprogramma van *Kid Creole & The Coconuts* in Vorst Nationaal en de Brielpoort te wachten. *Kid Creole* was een band uit New York die jazz, funk en salsa mixte. Ze hadden een geweldige look met drie atoombommen als koorzangeressen. Het concert in Vorst beloofde de pannen van het dak te blazen.

Ticket Vorst Nationaal

Om de waarheid geen geweld aan te doen, zou men beter beweren dat er die avond twee hoofdprogramma's op de affiche staan. Want het publiek kwam evengoed voor ons, als voor hen opdagen.

Philippe Kopp (de promotor die we gekend hadden tijdens onze punkperiode) kwam op de kant van het podium postvatten tijdens onze show, om ons bij te staan. Hij was een trouwe maat gebleven. Later vertrouwde hij me toe een hitte, een koorts, een kracht te hebben gevoeld die hem ertoe aanzetten rechtsomkeert te maken. Hij had niet alleen begrepen dat zijn plaats niet op het podium was, doch ook waarom wij er nooit genoeg van kregen, avond na avond.

Die avond in Vorst Nationaal bereiken we het walhalla. We zijn in topvorm.

Nicolas, Chris, Sarah & Marka - Vorst Nationaal

'Wrap your legs' in Vorst Nationaal!

Playlist Vorst Nationaal

*Backstage Pass –
Vorst Nationaal*

Al 35 jaar lang gaat er geen week voorbij of men heeft het over dit concert, alsof heel België naar Vorst was afgezakt...

De leden van *Kid Creole* kunnen hun ogen niet geloven, de zaal loopt halfleeg na ons concert.

Zo'n affront kunnen Amerikaanse of Engelse producties moeilijk slikken. Een plaatselijke band van niemendal die de vedetten naar de achtergrond duwt? Eén keer maar geen twee keer... Die avond, in de loges van Vorst Nationaal, krijgen we ook onze gouden plaat voor ons minialbum 'African Queen'. Ik heb daar een foto van bewaard, maar eigenaardig genoeg staat Sarah er niet op.

Net een gouden plaat gekregen, on top of the world...

Een week later (in *de Brielpoort* in Deinze) is het management van *Kid Creole* ons niet vergeten. De *soundcheck* wordt tot een minimum herleid en onze geluidstechnicus kan de 80 decibel-grens niet overschrijden. Voor de verlichting hebben we recht op drie-en een halve spots. Ze zetten ons zonder pardon ons Brussels succes te betalen...

We moeten echter ook bekennen dat wijzelf dit concert enigszins naar de vaantjes helpen. We zijn te zelfverzekerd, we hebben op onze lauweren gerust en bijgevolg hebben we de punch van Brussel niet meer. Wat nog meer te betreuren valt, omdat we daar zonder het te beseffen ons allerlaatste concert met Sarah in de grond boren.

Het album *'Promises'* heeft twee verschillende hoezen, een eerste overduidelijk geïnspireerd op Piet Mondrian, van de hand van Patrick Gennaro Avella. Die ligt in de

platenbakken maar wordt heel vlug vervangen door
'de vrouw op het strand' (eigenlijk een foto van Nico's
moeder), een hoes van de hand van Emmanuel Riccardi.

De Engelse distributieverantwoordelijken bij Virgin hielden niet echt van die eerste hoes en ze droegen op die te
vervangen.

Degenen die de eerste hoes bezitten hebben een collector's
item in huis. Maar aangezien vinylplaten decennia lang ten
dode toe waren opgeschreven (om vandaag nog gewilder
te zijn), kunnen ook degenen die de hoes (met de vrouw)
bezitten pronken met een uniek stuk.

Hoes van het album
'Promises' (tweede versie)

Sarah

In december laat Sarah ons weten dat ze met Glenn gaat trouwen. Begin januari 1983 gaan we allen met onze vriendinnetjes naar Engeland om het trouwfeest bij te wonen. We komen terug, maar na een paar dagen voelen we heel goed dat het *amen en uit* is met *Allez Allez*. Sarah zal niet meer terugkomen. Ook al staat er reeds een Europese tournee op het programma en oogst de nieuwe single 'Flesh and Blood' succes op de radio, niets kan nog baten...

Zonder dat ik er van op de hoogte ben, stelt Sarah Kris en Nico nog voor om naar Londen te verhuizen, en het avontuur daar verder te zetten zonder Roby, Roland en mezelf. Nico en Kris weigeren.

Het stond als een paal boven water (het Kanaal...), die 17 waanzinnige maanden behoorden definitief tot het (collectief) verleden.

SARAH OSBOURNE BREEKT MET ALLEZ ALLEZ

anuit Londen
heeft zangeres
Sarah Osbourne
aar Belgische
uis laten weten
ez Allez het
an zonder haar
al moeten doen.
uske telefoon
als een donderslag
dere hemel. Drie
terug huwde
met Glenn Gregory
Egelse groep
nochtans had zij
voor de op
zijnde Benelux-
formeel
gd. Zoals iedereen
n de verhoudingen
de groep en vooral
Sarah nooit
al rimpelloos
t. Een onderzoek.

ERVELENDE REIZEN

namen van de videoclip
llez Allez-single «Valley
Kings» vertelde gitarist
ncolet enthoesiast aan

een enorme fijne erva-
het moreel binnen de
k opgekrikt heeft. In de
g hebben we alle pro-
orgepraat en we keren
ld als een sterkere
g.»
momenteel permanent
woont is een beetje
wanneer we haar tele-
n een kleine toelichting

je in godsnaam aan
ner?», kaatst ze meteen
rug. «Enig speurwerk
eenmaal bij ons vak,
at is er precies ge-

verschrikkelijk moeilijk
n op alle vragen te ant-
Een zeer belangrijke
ngetwijfeld het verve-
- en weergereis tussen
Brussel waar ik van
steeds meer tegen op
dien hebben een aan-
persoonlijke gevoelens
speeld, maar die wil ik
et vertellen, omdat ze
oep weinig of niks te
ben. Mijn huwelijk met
deze kwestie volstrekt
ang. Het gaat in de
plaats om mezelf.
d beantwoordde niet

Allez Allez: ook zonder Sarah keihard verder werken.

Sarah Osbourne: «Van die vervelende reizen werd ik behoorlijk depressief!».

helemaal aan mijn verwachtingen maar ik ben niet van plan de andere jongens te bekladden omdat ik niet wil dat mijn beslissing het voortbestaan van de groep bedreigt. Akkoord, de laatste keer toen we elkaar ontmoetten was ik inderdaad veel beslister en mijn toewijding voor de groep was toen ook veel groter. Mijn beslissing hangt eigenlijk al een jaar lang in de lucht... (lacht).»

OMVERGEHAALDE PLANNEN

Sarah's beslissing komt op een ogenblik dat ook in Engeland de belangstelling voor Allez Allez begint te lopen. Deze week waren er uitgebreide interviewsessies voorzien en zelfs de kleurencover van het Engelse muziekweekblad «Record Mirror» was voor Allez Allez gereserveerd. Na de inmiddels afgelaste Beneluxtoer stond een toernee door Frankrijk, Duitsland en Skandinavië op het programma.

De rest van de groep was vanzelfsprekend behoorlijk uit het lood geslagen toen het nieuws hen bereikte. Nochtans blijven Nico, Christian, Serge, Robi en Roland niet bij de pakken zitten. Momenteel wordt hard gerepeteerd met een zwarte zangeres uit Detroit. Deze jongedame maakt een flinke kans maar Sarah vervangen is niet zo 'n gemakkelijke klus. Er zijn ook nog andere opties. het kan bijvoorbeeld best dat de groep wordt uitgebreid met nog een zwart element, er moeten nieuwe arrangementen gemaakt en ook muzikaal kan zich een kleine koerswijziging opdringen. Hoedanook, optredens hier te lande worden naar latere data verschoven waarover binnenkort meer.

En Sarah's plannen?

«Ik heb wat eigen materiaal op stapel staan en deze namiddag loop ik bij vrienden langs om een beetje met demo's te stoeien en andere plannen vorm te geven. Maar voorlopig is alles nog niet zo duidelijk.»

et einde - Humo

ALLEZ ALLE[Z]
Sarah envo[le]
belge annu[...]

La nouvelle a fait l'effet d'une bombe, car personne [n']s'y attendait : Sarah Osbourne, la chanteuse et la figu[re] de proue de Allez Allez, décidait il y a deux semaines [de] quitter le groupe. Raison invoquée : personnelle. S[on] mariage avec Glenn Gregory, le chanteur de Heaven [17,] y est sans doute pour quelque chose, mais ceux [qui] connaissent le groupe d'un peu plus près savent comb[ien] il était devenu difficile de concilier les envies particuliè[res] de Sarah et les obligations professionnelles soudai[ne]ment augmentées depuis le succès du groupe à « For[est] National » en première partie de Kid Creole et de [leur] album « Promises ». Ce split est d'autant plus triste [que] Allez Allez possédait en Sarah une chanteuse except[ion]nelle qui a certainement fort contribué à la signature [du] groupe avec Virgin Angleterre. Cela veut dire [par] conséquemment la tournée belge de Allez Allez [est] complètement annulée et remise à plus tard. Le gr[oupe] auditionne en ce moment avec une nouvelle chant[euse] originaire de Detroit, mais on n'en sait pas plus. [Le] deuxième single, « Flesh & Blood » également tir[é de] l'album, sort malgré tout cette semaine.

ournée

Het einde - Télémoustique

EPILOOG

Allez Allez heeft op mij het effect van een bom gehad. Van de ene dag op de andere ontpopte ik me als professioneel muzikant en werd ik door iets bezeten dat mijn hele leven zou beïnvloeden. Ik zal voor eeuwig het geluk omarmen dat me te beurt viel een band te mogen vervoegen die reeds goed op weg was.

Later hebben we een andere zangeres gevonden, Jacqueline Irving, een Amerikaanse afkomstig uit Detroit die in Molenbeek woonde. Het leek goed te starten… *We hit the road again*, nog steeds onder de naam *Allez Allez*. We namen demo's op en twee singles ('Don't bother me' en 'Boom Boom Boom Boom'). Maar ondanks de leuke momenten met deze nieuwe formule heb ik besloten er niet verder over uit te weiden, want de magie van de originele versie was helemaal zoek.

Vandaag is Sarah tatoeëerster en schilderes (ze heeft mijn zoon getatoeëerd). Ze is onder andere ook make-upartieste geweest voor Boy George (en met hem was er werk aan de winkel…) met wie ze de wereld rond heeft gereisd.Ze heeft geen goesting meer om op de bühne te staan; volgens haar, haar ergste nachtmerrie. Ze is niet lang getrouwd gebleven met Glenn, maar draagt nog steeds zijn naam. Op muzikaal vlak heeft ze (in Engeland) niets vermeldenswaardigs meer gepresteerd en heeft ze een bittere herinnering aan de muziekwereld.

Kris heeft twee zoons. Na de ontbinding van *Allez Allez*, had Kris een trio gevormd: *Rodéo* (met Nico en Michael

Leahy), doch zonder veel succes. Hij heeft de muziek naar de zijkant geschoven om zich beter te kunnen concentreren op zijn carrière in de publiciteitswereld. Kris heeft altijd wel één of ander project in het verschiet. Onlangs heeft hij zich toegelegd op het schrijven en regisseren van TV-series. Hij is nog steeds even ongeduldig en grappig.

Nico heeft 4 zoons, hij woont in Canada en houdt zich eveneens met publiciteit bezig. De ups en downs van het leven hebben hem van Brussel en van Kris verwijderd om redenen die slechts hen aangaan. Meer hoor ik niet over en van hem, maar ik vermoed dat hij dezelfde grapjas is gebleven...

Roby woont al 20 jaar in Luxemburg. Hij heeft twee dochters. Hij is altijd muziek blijven spelen, in een band of soms voor zichzelf. Hij is nog steeds een drummer in hart en nieren en wacht maar op één vonk om weer op te treden. We bellen elkaar en met Kris vieren we af en toe nieuwjaarsavond.

Roland woont in Antwerpen. Hij heeft één zoon en is verkoper in een boetiek. De muziekwereld heeft hij niet helemaal vaarwel gezegd, want hij begeleidt af en toe DJs, als percussionist wel te verstaan.

The End
of
A Never Finishing Story

Met dank aan

Sarah Osborne - Gregory
Nicolas Fransolet
Roby Bindels
Kristiaan Debusscher
Roland Bindi
Gilles Verlant
Philippe Kopp
Bernard Goffin
Fletcher
Ad Visser
Marc Decock
Bernard Dobbeleer
Gilles Boujo
Frank Sarfati
Deniel Delal
Nounou
Cisse
Philippe Lengelé
Paul Gérimon

Alle organisatoren uit die periode

Allen die onze platen hebben gekocht
en die onze concerten hebben bijgewoond

Eric Lamiroy
Marc Hellinckx
Sophie Hellinckx
Marc Kindemans
Paul Cox
Herman Selleslags
Serge Ryckoort
Karin Bodart

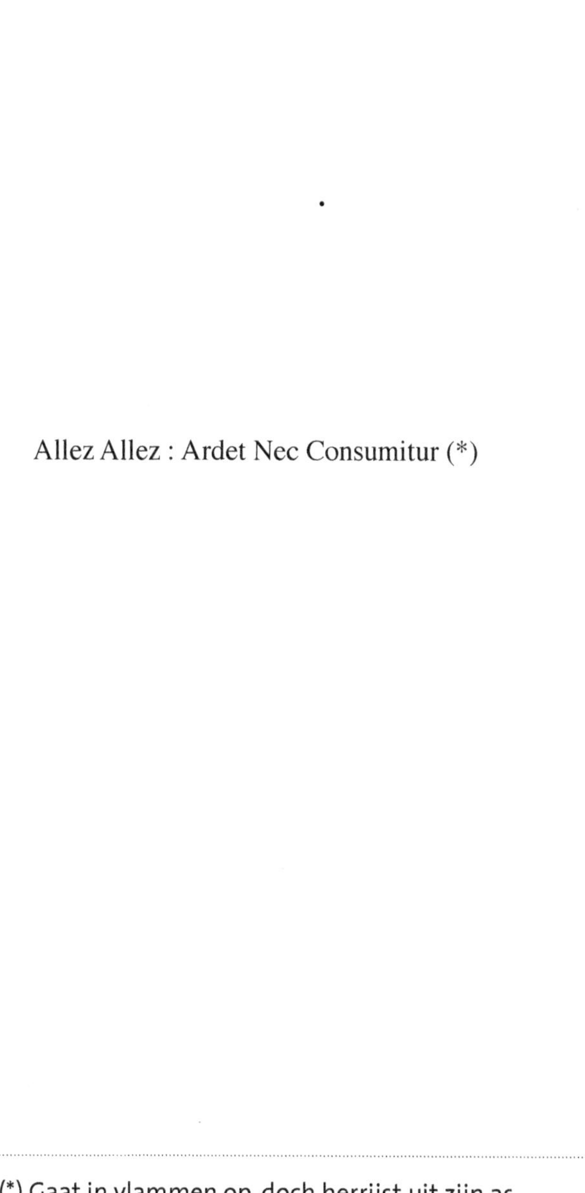

Allez Allez : Ardet Nec Consumitur (*)

(*) Gaat in vlammen op, doch herrijst uit zijn as

African Queen (mini album)
Scalp Records / Europe(1981)
Kamera Records / UK (1982)
EMI / France (1982)

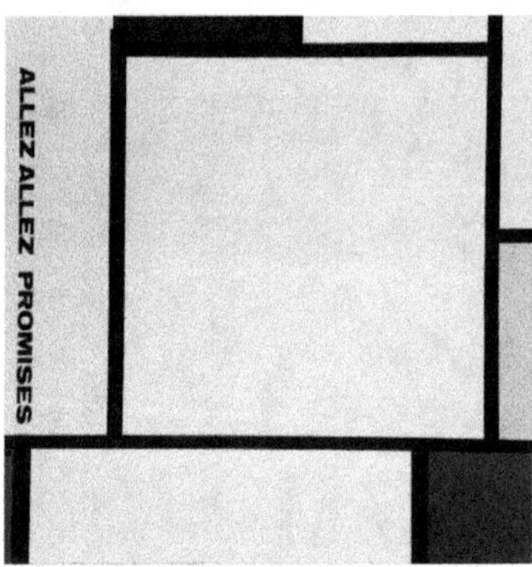

Promises (album)
Virgin / Europe / France /
Spain (1982)

Virgin / UK (1982)
hoes met structuur

Promises (album)
Virgin / Europe (1982)
alternatieve hoes

She's Stirring Up (7")

Scalp Records / Europe (1981)

Allez Allez / African Queen

Scalp Records / Europe(1981)

Kamera Records / France (1982)

EMI, EMI Electrola / Germany (1982)

Flesh & Blood (7")

Virgin / UK, Europe (1982)

Flesh & Blood (12")

Virgin / UK, Germany (1982)

Valley Of The Kings (7")
Virgin / UK, Spain, Europe (1982)

Valley Of The Kings (12")
Virgin / UK, Europe (1982)

African Queen (re-issue, 12")
Eskimo Recordings (2006)

Allez Allez (re-issue, 12")
Eskimo Recordings (2006)

Don't Bother Me (7")
Virgin / Spain, Belgium,
France (1984)

Don't Bother Me (12")
Virgin / Spain, Belgium, Italy,
France (1984)

(vocals by Jacqueline Irving)

Boom Boom Boom Boom (7")
Sounds Of The Future / Europe (1985)

Boom Boom Boom Boom (12")
Sounds Of The Future / Europe (1985)

(vocals by Jacqueline Irving)

Sean Connery (CD)
CD / digital (2019)

African Queen / She's Stirring Up (CD)

CD / digital (2018)

Nieuwe versies van deze numme[r]
met Marie Delsaux op zang, ger[e]
door Erwin Autrique als digitale
release bij de heruitgave van het
mini-album "African Queen" (LP)
uitgebracht door Mottow Soun[d]

Nummers op compilaties

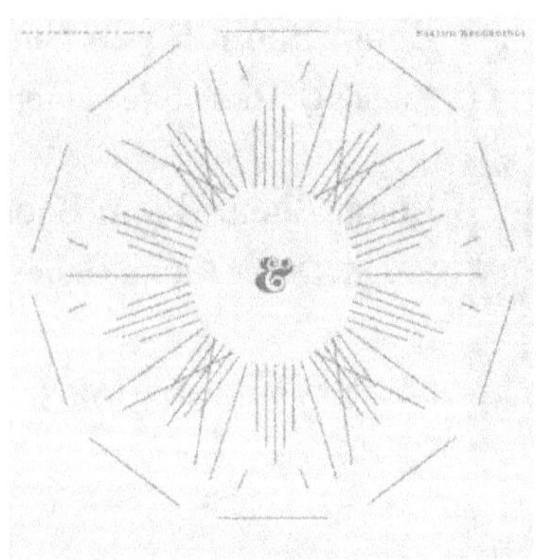

African Queen (Moonlight Matters 'I Love Grace Jones' Remix)

Compilation CD 'Eskimonde --
A decade of Eskimo Recordings

Eskimo Recordings, N.E.W.S. /
Belgium (2008)

African Queen
& Promises (CD)

Virgin / Belgium, Netherlands (1997)

African Queen
& Promises (CD)

Les Disques Du Crépuscule /
Belgium (2013)

Deze compilatie bevat enkele
afwijkende mixes van de
originele opnamen en 1
onuitgegeven nummer (How
Can I Ever Make You Feel
Me?).

Best Of Allez Allez
(LP & CD)

Eskimo Recordings, N.E.W.S. /
Belgium (2008)

Deze compilatie bevat ook
extra remixes van Quiet Village,
Aeroplane, Optimo, Dave Clark,
Lindstrøm & Prins Thomas.

LE NOUVEAU ALLEZ ALLEZ
EST ARRIVÉ !

Allez Allez herrees uit zijn assen voor een aantal optredens in 2017. Een eerste optreden op het 'Francofolies de Spa' festival smaakte naar meer zodat er al snel verschillende andere optredens volgden. Omdat twee belangrijke leden - Fransolet en Osborne - afzagen van deelname, koos de groep ervoor om met twee zangeressen te werken: Kyoko Bartsoen (die bij Hooverphonic had gezongen) en Marie Delseaux. Paul Curtiz voegde zich ook bij hen op gitaar en multi-instrumentalist Thom Dewatt op toetsen.

De optredens waren fel gesmaakt en de groep introduceerde zelfs enkele nieuwe nummers ('Sean Connery'– dat in 2019 als single werd uitgebracht – en 'Do the cat'). Erwin Autrique maakte enkele remixes (van 'African Queen' en 'She's stirring up') bij de heruitgave van het mini-album 'African Queen' door Mottow Soundz in (2018).

Een recensie van het optreden in 'Het Depot' in Leuven schets de sfeer perfect:
"In een bijna uitverkochte Depot zat de sfeer er meteen goed in: naast hun klassiekers en bekende singles speelde Allez Allez ook een leuke cover van "play that funky music" van Wild Cherry. We voelden ons even terug in de funky jaren 80 met deze stevige, eenvoudige funky African disco beats music, het (iets rijpere) publiek genoot er duidelijk van, bassist Serge Van Laeken praatte op amusante wijze mét onvervalst Brussels accent de songs aan elkaar. En als afsluiter kregen we een up tempo mix van African Queen

om dan met een lekkere pint van het vat bij te praten aan
de toog. Het had iets van een oude jeugdfuif maar dan in
de mooie en kwaliteitsvolle omkadering van Het Depot.
Wordt zeker vervolgd, hou de zomer affiches in de gaten,
want de kans dat je ze nog eens ziet spelen is groot.”

EN MARKA..?

... die timmerde naarstig aan zijn solo-carrière en genoot ondertussen met volle teugen van het succes dat dochter Angèle en zoon Roméo Elvis te beurt vielen.

Aangezien Marka in dit boek de spotlights zette op Allez Allez wilde de uitgever finaal ook even de auteur zelf laten schitteren.

Een kleine biografie van Marka

Brusselaar Serge Van Laeken, alias Marcassou en Marka, zette zijn eerste stappen in het Belgische punk- en rockwereldje als roadie bij Brusselse groepen als Mad Virgins, Klang en Sttellla. Samen met een aantal Mad Virgins en mensen van Marine lag hij in 1981 aan de basis van Allez Allez, tot op heden een van de betere dansbare groepen die België al heeft voortgebracht.

Na het onfortuinlijke uiteenvallen van Allez Allez in 1985, was Marka enkele jaren actief met de groep "Les Cactus" (hiervan maakten ook Robby van Allez Allez, Dirk Schoufs - later één van de oprichters van het fameuze Vaya con Dios - en Rikki van The Wild Ones, Didier Brichaut van Mad Virgins en Simon Rigot van Bernthöler, deel uit).

Eind jaren '80 gooide hij het echter over de solo-boeg. Bij PIAS kon hij in 1991 debuteren met een solo-cd "Je vous dis tout". Alhoewel singles als "Je, Tu, Il", "Elisabeth" en "Croyez-moi" in België heel goed werden ontvangen, raakte zijn carrière toch niet erg van de grond. Bij Play It

Again Sam werd hij dan ook aan de deur gezet. Hij werd vertegenwoordiger van muziekinstrumenten.

3 jaar later had hij echter Laurence Bibot ontmoet (een in het Franstalige landsgedeelte bekende comédienne en humoriste), die hem opnieuw zin deed krijgen om op het podium te kruipen. Hij trok zijn stoute schoenen aan en trok met zijn eerste cd en video's van zijn concerten in ons land naar de grote platenmaatschappijen in Frankrijk. Die gok viel goed uit : Sony Frankrijk hapte toe.

In 1995 leidde deze samenwerking tot "Accouplés". Deze single (een opsomming van eigennamen uit de Arabische, Israelische en Franse politiek en cultuur) betekende meteen het begin van een doorbraak in Frankrijk. De song werd echter van de playlisten gehaald tengevolge de toenmalige GIA-bommenterreur in Parijs. Enkele maanden later werd Marka met deze song wel ook in Vlaanderen geïntroduceerd : het lied werd immers omgewerkt in een Vlaams-Waals duel "Met zijn twee" met Johan Verminnen. Een video-clip gedraaid in Memphis, met Marka in goudglimmend pak, voor de song "La poupée barbu" was echter de doorbraak (nu ja : totaalverkoop van de cd werd 15.000, waarvan ongeveer 700 in België).

De muziek wordt dikwijls een kruising tussen Jacques Dutronc, Pierre Rapsat, Cheb Khaled en The Clash genoemd. De meeste - intelligente - teksten voor de songs zijn afkomstig van Thierry Robberecht, een jonge Molembeekse schrijver. Naast een actief voetballer bij Sporting Ettekijs is Marka ook een echte Brusseleir die in hoogst aanstekelijke nummer "Les Mondains" zelfs de fanfare van RWDM tot in Parijs toe liet opdraven.

Twee jaar later bracht hij "L'idiomatic" - ditmaal niet in gouden pak maar met glitterhoed van Elvis Pompillo - waarop iets dieper in de rock-la werd getast. Hoogtepunten hieruit werden het nummer met raï-invloeden "L'idiomatic" en het schrijnende "Le pays de la pluie" ("Je viens d'un pays où il pleut. Pays que des gens d'ici, veulent couper en deux. Personne ne sait vraiment pourquoi, mais c'est comme ça ... On parles plusieurs langues ici, d'ailleurs on ne parle pas. On apprend à ne pas élever la voix, a parler tout bas, a lever le doigt ... Un jour au pays de la pluie, y'aura plus de pays, plus que de la pluie" - Ik kom uit een land waar het heel vaak regent. Land dat de mensen van hier in twee willen snijden. Niemand weet echt waarom, maar zo is het ... hier spreekt men meerdere talen, maar eigenlijk spreekt men niet. **Men leert de stem niet te verheffen, zacht te spreken, je vinger op te steken.** Op een dag zal er in dit regenland geen land meer zijn, enkel nog regen).

In 1998 verscheen ook een boek over Marka, "Le Petite Marka Illustré", waarin tal van Belgische en Franse illustratoren tekeningen maakten bij de songs van de zanger. In 1999 volgde dan het goedgemutste live-album "L'homme qui aimait la scène" - live opgenomen in de AB tussen 1 en 5 juni, dat ook meteen een soort carrière-overzicht inhield, met daarbij ook een hilarisch duet met zijn eega in "Sans Pareille", een cover van MC Solaar's "Caroline" en een cover van "I fought the law".

In 2001 kwam er opnieuw tekenen van leven uit het Marka kamp, al luidde het eerst enigszins onsamenhangend : "A letches baby a letches bong, A lacte lady a lacte long, A letches baby, I lacte lady" op de eerste single "Letches Bong". Dit was echer gewoon een voorloper van een heel

Foto onder: Marka brengt met Les Negresses Vertes een nieuwe versie van zijn hit 'Accouplées' (2020).

nieuw album dat werd uitgebracht in september. Daarop weer 11 nieuwe songs, vooral werk van Marka met vaste tekstschrijver Thierry Robberecht, maar ook hier een vertaling van een nummer van zijn Clash-helden- "should I stay or should I go" werd hier "resterai-je ou ...". "Avant Après" bevatte uiteraard weer de gebruikelijke mix van muzikale stijlen als chanson, raï, punk, reggae en veel meer, vermengd met grappige maar toch erg rake teksten. Op het onweerstaanbare "Je Parle" ook opnieuw een stukske in 't Nederlands : "Mijn mokske is een française, ze spreekt geen vloms, maar 'k geef haar toch een baise - Je parle Flamand, je parle françois, je parle tout les langues parce que je suis Bruxellois. Je parle Wallon, je parle Flamois, je pratique l'Allemand, le Créole et même le Chinois. S'il y a une langue que je n'aime pas, c'est celle qu'on appelle communément la langue de bois". Maar zoals de bio opmerkt "Marka is trouw aan zichzelf in het maken van songs om te lachen. Maar door dat te doen lukt hij er toch geregeld in ons te ontroeren. Dat soort constatering maakt men alleen bij de groten. Marka, waarvan men dacht dat hij al vrijwillig had afgehaakt, maakt hiermee dus een remarkable come-back".

Vanaf 1999 werkt Marka samen met zijn vrouw Laurence Bibot als een komisch duo met de show met À nous deux. In 2004 schreef hij de muziek voor de kortfilm Signe d'appartonymous van Kamel Cherif, die een Zilveren Leeuw op het Filmfestival van Venetië veroverde.

Als electro pop rock duo trad hij opnieuw met zijn vrouw op in 2007 onder het pseudoniem Monsieur et Madame. Later werkte hij nog samen met Jacques Duvall, Thierry Robberecht en de Cubaanse groep La Sonora Cubana.

Tussendoor reisde hij langs alle Franstalige podia, van lokale clubs in Waalse dorpen tot de Francofolies in Spa. Niets is hem te min, optredens in de beenhouwerij van een vriend in Oudergem wisselde hij vrolijk af met grote zalen en festivals. De muziek liet hem ook toe om een groot stuk van de wereld te zien. Over een aantal exotische bestemmingen - Japan, Cuba, Senegal, Qatar en San Salvador - maakte hij muzikale reisdocumentaires. Binnenkort mag hij trouwens weer naar Japan, voor een optreden op het Belgisch-Japans Bierfestival.

Marka is ook een geëngageerd artiest. In het Schaarbeekse Théâtre 140 gaf Marka een benefietconcert ten voordele van vier daklozenorganisaties. Marka trekt zich al langer het lot van de Brusselse daklozen aan. Sinds enkele jaren treedt hij op tijdens het resto-uitje dat zijn vriend Michel Dupont jaarlijks organiseert voor de daklozen. De laatste keer ontmoette hij er een Pools koppel dat onder een brug in Anderlecht sliep en daar verjaagd was. "Een van de nummers op mijn nieuwe album gaat over daklozen, What's going wrong. Ik heb het koppel gevraagd om te figureren in de clip." Met de video wilde hij ook de aandacht vestigen op enkele organisaties die de daklozen bijstaan: Doucheflux, Netwerk tegen Armoede, Front commun des SDF en Brussels Platform Armoede. Ter ondersteuning van hen geeft hij nu dit benefietconcert.

Aan de vooravond van de opstap op Tram 6 maakte Marka met 'Terminé Bonsoir' en 'Voodoo Belge' enkele fel opgemerkte en sterke LP's (jawel, elpees, de vinyl was helemaal terug). De tijd is een schurk... in 1978 was Marka nog 'toneelknecht' bij ABConcerts. In 1981 stond hij voor het eerst als muzikant op datzelfde 'podium' - met

Allez Allez. Sindsdien heeft onze Brusselaar hier tientallen keren in deze Belgische muziektempel gespeeld. Dat vroeg om een feestje. Op donderdag 27 mei 2022 vierde Marka zijn zestigste verjaardag in de Grote Zaal van Ancienne Belgique, met zijn naasten en extra gasten. Het werd een onvergetelijke avond. Oorspronkelijk was het optreden gepland voor 2021, maar een chinese vleermuis met slechte bedoelingen stak daar een mondiaal stokje voor... Het optreden werd een ongelooflijk succes (voor de afwezigen : het concert staat integraal te blinken op ABTV, het onvolprezen audiovisuele platform van de Ancienne Belgique).

Merci voor de muziek Marka, the best is yet to come!

Beknopte discografie van Marka

Je vous dis tout (1992)
Merci d'avance (1995)
L'Idiomatic (1997)
L'Homme qui aimait la scène (1999)
À nous deux, live with Laurence Bibot (2000)
Avant après (2001)
L'État c'est moi (2003)
C'est tout moi (2004)
Aktion Man (2006)
Monsieur et Madame, with Laurence Bibot (2008)
Marka y La Sonora Cubana (2008)
Made in Liège (2010)
Days of wine and roses (2015)
Terminé Bonsoir (2021)
Voodoo Belge (2023)

www.marka.be

www.facebook.com/allezallezofficiel

www.instagram.com/allezallezofficiel

Dit boek is een uitgave van uitgeverij Les Iles in samenwerking met éditions Lamiroy / Brussel (Librairie-Galerie, Rue de Flandre 23, B–1000 BRUXELLES
WWW.LAMIROY.BE / WWW.LESEDITEURS.BE

© Serge Van Laeken / www.marka.be
© 2017 LAMIROY / LES ILES / Marka - Serge Van Laeken

Oorspronkelijke versie 'Allez Allez' FR+NL • éditions LAMIROY
ISBN : 978-2-87595-082-6 • Dépôt légal : 2017/13239/13

Nederlandstalige vertaling door Marc Hellinckx

ISBN: 9798865483274 ENGLISH VERSION

FOTO OMSLAG RECTO / VERSO, PG 22-32, PG 53, PG 68, PG 84:
Paul Cox • http://www.paulcoxphotos.co.uk
FOTO PG 19: 41rooms.com
FOTO PG 54: Charles Van Hoorick
FOTO PG 112: Nicolas Fransolet
FOTO PG 76, 82, 83: Herman Selleslags

ANDERE FOTO'S: archief van de auteur (behalve anders vermeld)

VORMGEVING: gunter segers • lesilesgraphics •
facebook.com/lesilesgraphics/
NEDERLANDSE TEKSTREDACTIE EN REDACTIONELE AANVULLINGEN:
A-M Van Doorslaer & redactie les Iles

DE AUTEUR EN UITGEVER DANKEN PAUL COX (VOOR HET TER BESCHIKKING STELLEN
VAN ZIJN FOTO-ARCHIEF), HERMAN SELLESLAGS EN FotoMuseum / FOMU.

lesilespublishers@gmail.com
facebook.com/les.iles.publishers
WWW.LESILES.BE

www.ingramcontent.com/pod-product-compliance
Lightning Source LLC
Chambersburg PA
CBHW071542120726
48009CB00002B/56